1942-1944

Colors of Confinement: Rare Kodachrome Photographs of Japanese American Incarceration in World War II

Bill Manbo:photographs
Eric L. Muller:editor
Hitomi Okamura:translator

Kinokuniya Company Ltd.

コダクロームフィルムで見る
ハートマウンテン
日系人強制収容所

マンボ家およびイタヤ家の方々に捧げる

日系人強制収容所MAP

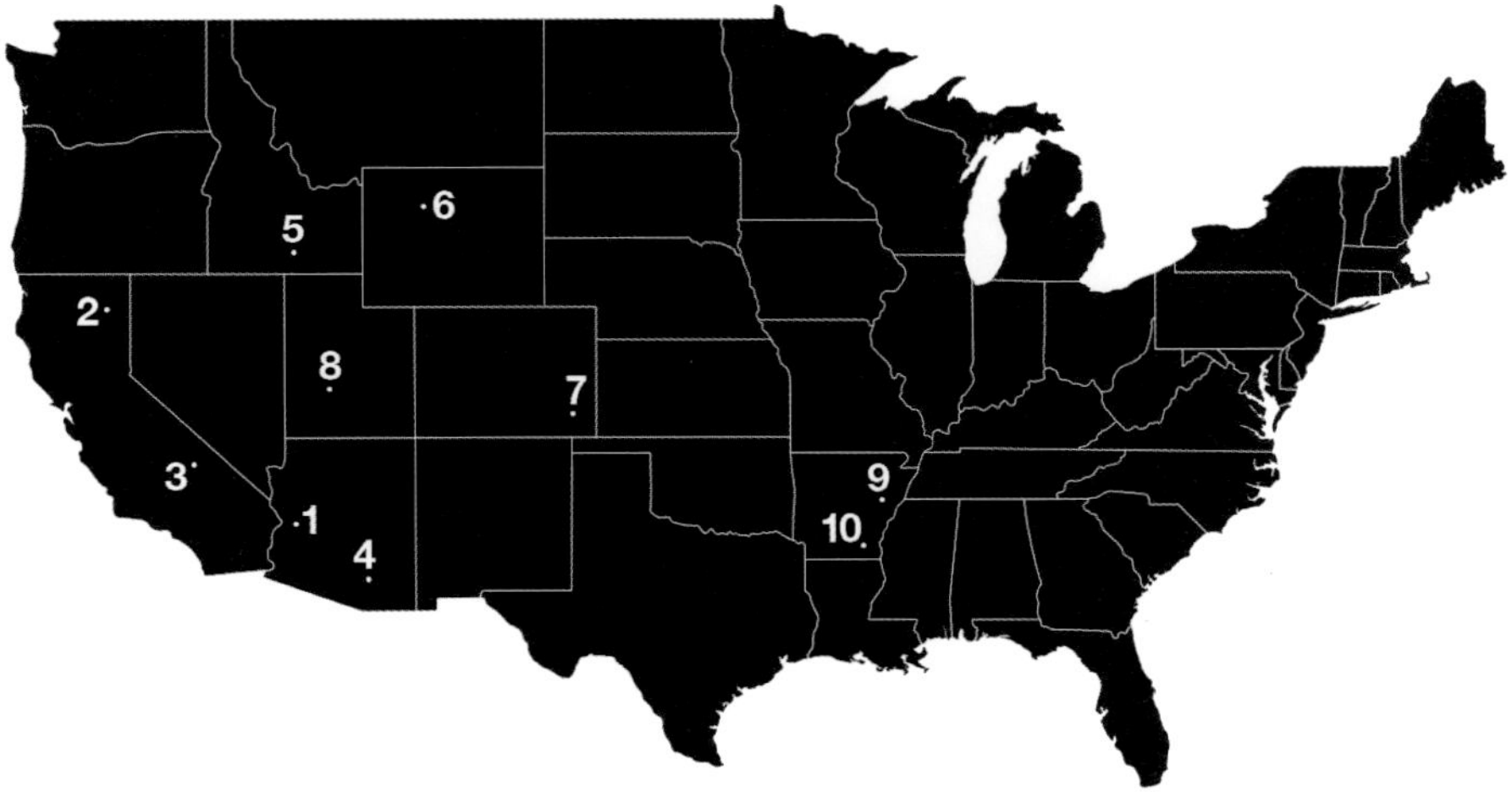

戦時転住局（WRA）管轄の
10カ所の日系人強制収容所（設立順）。
このほか、WRAによって
「トラブル・メーカー」とみなされた人が送られた
司法省管轄の収容所や市民隔離収容所のほか、
ハワイにも抑留センターなどがあった。

1　ポストン　アリゾナ州
2　ツールレイク　カリフォルニア州
3　マンザナー　カリフォルニア州
4　ヒラリバー　アリゾナ州
5　ミニドカ（ハント）　アイダホ州
6　ハートマウンテン　ワイオミング州
7　アマチ（グラナダ）　コロラド州
8　トパーズ　ユタ州
9　ローワー　アーカンソー州
10　デンソン　アーカンソー州

目次

はじめに

トム・ランキン

本書は歴史の激動期における記録写真が持つ共鳴力の格好の例である。［訳注・第二次世界大戦時、米国ワイオミング州ハートマウンテン日系人強制収容所に収容された日系二世の］ビル・マンボが「コダクローム」［コダック社製の高画質フィルム］に焼きつけた画像は、長い年月に耐えたばかりか、今なお見る者の心に響く。第二次大戦中の日系アメリカ人強制収容の実態については、ドキュメンタリー作家やジャーナリストによる多様な記録があるが、マンボの写真はそれらと比べると、私的で個人的なものであり、それゆえに複雑な色合いを帯びている。彼はおそらく過去を思い出すための記録をカメラで残しておきたい、という普通の衝動から、強制収容所で暮らす自分や家族やその他の人々が経験する日々の出来事を撮影するようになったのだろう。時を経た今、彼の私的な写真だったものは、時間と場所を超越し、歴史的な広がりと人々の心を動かさずにはおかない景色を映しだしている。

エリック・L・ミューラーが後出のエッセイで強調しているように、私たちがマンボの写真に引きつけられ、色々なことを考えさせられるのは、彼の写真に特有の葛藤《アンビバレンス》のせいである。ミューラーのあとには、［元収容者の］ベーコン・サカタニ、［写真史の専門家］ジャスミン・アリンダー、［日系人史の専門家］ロン・クラシゲらのエッセイが続き、我々は、史実や写真論などさまざまな観点からマンボの写真を眺めることができる。マンボは強制収容という異様で不幸な状況を直接記録しているわけだが、写真という媒体を使うことによって、収容所生活の孤立感や制約以上のものを描きだしている。彼の写真は、日常生活を撮影しながらも、慣れない辺鄙《へんぴ》な土地に閉じこめられることの本質を——文字どおりの原色で——我々に伝えてくれる。読者は、規則に縛られながらも、個性や文化や回復力を持ちつづけるための多様な方法を、そこに見出すだろう。

　マンボの写真が吸引力を持つのは、日系アメリカ人の置かれた複雑な歴史のせいかもしれないし、写真の恐ろしいほどの鮮やかさのせいかもしれないが、いずれにしても私たちは彼が表現する物語を読みとろうとしてそこから目が離せなくなる。マンボの写真を読み解くにあたって鍵となるのは、時を超えた私的な表現が持つ力の重要性であろう。1936年に発売されたコダクローム・フィルムのおかげで、プロ・アマを問わず多くのカメラマンが35ミリカメラや小型カメラで、素晴らしい写真を撮影できるようになった。マンボがこのフィルムを使ってカラー写真を撮ることにしたのは、幸運としか言いようがない。それがために、私たちは今もこうして、鮮明な写真を見ることができるのだから。

ビル・マンボのカメラと手製の三脚

ハートマウンテン転住センターの夜明け

マンボの義父母ジュンゾウとリヨ・イタヤ

家族写真。ジュンゾウのネクタイがワイオミングの風でめくれている。
左からジュンゾウ、リヨ、サミー・イタヤ、メアリー・マンボ、ユーニス・イタヤ。

居住区域の風景

Post Office

マンボが勤務していた軍用車両整備工場

1943 年 7 月に収容者たちが掘ったプール。飛びこむ人の上げる水しぶきが見える。

収容所に２つある映画館の１つで昼の部を見ようと行列する人たち。入口右側の青い看板には『わが谷は緑なりき』上映中、とある。

便所と洗濯場の建物のあたりにかかった消えかけの虹

集合写真。叔父サミーの前に立つのはサスペンダーをつけたビリー。
左からジュンゾウ、リヨ（赤ん坊の名前は不明）、マンボの妻メアリー（右から二人目）。そのほかの人の名前は不明。

マンボの義弟サミーとメアリー

フレームの外側

ビル・マンボの写真の時代背景

エリック・L・ミューラー

シンガー・ソングライターのポール・サイモンが『ぼくのコダクローム（*Kodachrome*）』［1973年］という曲のなかで「くっきりきれいな色」のおかげで「世界中がきらきら陽気に見える」と歌っているが、本書の写真を見るとその意味がよくわかる。しかし、被写体がいつも「きらきら陽気」とは限らない。それが、ビル・マンボがコダクローム・フィルムに焼きつけた写真――ハートマウンテン転住《リロケーション》センター［戦時転住局（WRA）による呼称］の有刺鉄線の向こう側――が突きつけてくる問題だ。

彼が撮影した写真は美しい。午後の白っぽい光や夕暮れ時のサーモンカラーに包まれた収容所は活気にあふれ、被写体はポートレートを撮影するかのようなきちんとした格好やボーイスカウトの制服や着物に身をつつみ、いきいきとして見える。写真の美しさに目を奪われるあまり、見ているのは、苦痛と不正に満ちた場所の記録であることを思わず忘れそうになるが、これらはまぎれもなく強制収容所《プリズン・キャンプ》の写真である。どんなににこやかにほほえんでいても、そこに写るのは、人生をずたずたにされた人たちだ。彼らの怒りや不満は、賑やかな踊りやパレードの音楽のせいで聴こえなくなってしまった。

本書には私の小文に続き、ほかに3編のエッセイが収められており、マンボの写真から明らかになった日系アメリカ人の文化・コミュニティについてや、収容所での生活の記録に写真という手段を用いた意義などについては、そちらで分析している。したがって本稿では、彼の写真から見えてくるものでなく、むしろ見えてこない部分に焦点をあてたい。撮影者は、家族のある一人の男性だが、これらの写真は彼とその一家の長い人生のなかのほんのひとこまをとらえているに過ぎない。マンボと彼の家族の物語の大部分は、写真のフレームの外側にある。写真に映る家族のなかで、２０１２年現在、存命しているのはマンボのお気に入りの被写体で、父親と同じ名前を持ち、身内からは「ビリー」と呼ばれていた息子のビル・マンボだけになってしまった。その彼も今や70代前半である。彼は当時まだ小さかったため、収容所の生活についてほとんど記憶がない。また、多くの日系人家庭がそうだったように、彼の家族も戦後、収容所での経験をほとんど彼に語らなかった。

　しかし、アメリカ国立公文書記録管理局（ＮＡＲＡ）で見つかった一家の「収容者ケースファイル」[1]をもとに、少なくとも家族の物語を部分的に再現することはできる。マンボとその家族の人となり、真珠湾攻撃以前の暮らしぶり、住んでいた家を立ち退かされて転住センターに送られた経緯などを知ることができるのはこの文書のおかげである。一家の戦時中の生活は、多くの日系アメリカ人が歩んだ典型的な強制移住への道のりであり、記録に残る歴史の趨勢《すうせい》と一致している。これが、収容所の日々を鮮やかにとらえたマンボの写真の研究に重くるしい影を落とすのだ。

　ワイオミング州ハートマウンテン「強制収容所」には三世代の日系人が収容されていた。一番年長の集団は、日本語で「第一世代」を意味する「イッセイ「一世」」と呼ばれる人たちだ。彼らは19世紀末から20世紀初めにアメリカにやって来た日本人である。この先行組の多くは、明治維新と呼ばれる日本の急激な近代化に伴う混乱や社会問題や貧困、あるいは徴兵を逃れ、経済的な成功を求めた男性だった。女性が続くのはもう少しあとで、なかには見合い結婚の「写真花嫁」もいた。

　アメリカに永住したいと望む一世もいるにはいたが、多くはいずれ帰国することを考えていた。彼らの計画や意図に関係なく、アメリカの法律によって、一世がアメリカ市民権を得られないことだけははっきりしていた。当時、アメリカ国籍を取得できたのは、白人、出生がアフリカの者、もしくは「その子孫」に限られており、[2]日系移民は在留外国人としての資格しか得られなかった。１９２４年に議会の移民排斥主義者の勢力によって、１９２４年移民法［または排日移民法］の可決が確実になると、この制限付きのアメリカ式歓迎はなおいっそう縮小され、アジア系移民の受け入れはほぼ全面的に禁止された。

９ページの写真は、撮影者ビル・マンボの義理の両親ジュンゾウ・イタヤとその妻リヨだ。二人は一世である。ジュンゾウは１８８１年に大学教授の息子として東京に生まれ、大学で機械製図の学位をとると１９０４年にアメリカに渡った。一方、リヨは１８８９年に北海道北部に生まれ、１９１２年に渡米した。夫妻はクリスチャンで、ジュンゾウは英語で読み書きも会話もできたが、リヨ夫人は生涯、満足な英語を身につけられなかった。アメリカに渡ったジュンゾウは、酪農園の期間労働者、電話会社の製図工、小売店の販売員、製麺所や電池製作所の経営など、あらゆる仕事に就いて働き、１９２９年からは、カリフォルニア州ロサンゼルスの南東、ノーウォークで野菜農園を始めた。主産品をルバーブとするこの農園は、１９４２年にジュンゾウや家族が強制移住させられる直前までイタヤ家により管理されており、一家が立ち退かされたとき、10エーカー［約４ヘクタール］の畑にはルバーブがまだ栽培されていた。[3]

20世紀初頭、市場向け野菜栽培は、西海岸沿岸の日系移民にはごく一般的な職種で、一世たちはこの仕事で見事な成功をおさめた。１９４０年にはカリフォルニア州の市場向け作物の３〜４割を日系人農家が供給しており、なかでも、インゲン豆やサヤエンドウ、イチゴ、セロリは９割以上、アーティチョーク、カリフラワー、キュウリ、トマトは５割以上を占めていた。１９１３年にはカリフォルニア州法［１９１３年外国人土地法］によって日系一世による土地の所有が、20年には土地の賃借が違法とされ、また、日系人農家の管理する農地の総面積がカリフォルニア州の農地面積の２％を超えることが禁じられたこの時代に、これはまさに特筆すべき記録だった。[4]

一世の次の世代である子世代は「ニセイ［二世］」と呼ばれ、彼らはアメリカで生まれたという単純な事実によって親世代が手に入れられなかったもの、つまりアメリカ市民権を得ることができた。二世はいわば二つの文化の懸け橋として成長した。[5] 彼らが自分たちの両親の母国にどの程度の帰属意識を持っていたかは、多くの要因によって個人差があったが、それを大きく左右したのは、どれくらい日本との接点があったか、だった。割合からいっても多くはない二世――おそらく6～7人に1人――が、一時的に、日本で祖父母や親戚とともに生活し、なんらかの学校教育を受けていた。[6]このような若者は「キベイ〔帰米〕」として知られ、特に日本で長期間過ごした者は、日本の言語や文化を知っていることにある種の優越感を抱いていた。だが、二世の大半は日本に住んだことも、旅行したこともなく、日本の言葉や文化に触れるのは、両親や放課後に通う日本語学校を通じてだけだった。[7]日系二世の多くは、当時のアメリカの大衆文化になじみ、英語を話して成長したのである。

ビル・T・マンボ[8]（愛用のカメラを手にする右の白黒写真と、12ページのカラー写真の人物）も、その妻メアリーも、メアリーの弟のサミーや、妹のユーニスもこうした二世だった。マンボ一家はビルの中学入学前にハリウッドに引っ越し、ビルが10歳を過ぎたころに、農業を営む日本の親戚と暮らすため帰国したが、ビルは日本の学校に通わなかった。結局、家族は日本での生活を望まず、2年ほどでカリフォルニアに戻ってきた。このため、ビルは2年遅れの17歳でアメリカの高校に入学し、1929年冬、白人が圧倒的多数を占める170名の卒業生のなかの、たった4人の日系二世としてハリウッド

本書の写真を撮影するのにいつも使っていたカメラを手にするビル・マンボ

高校を卒業した。卒業アルバムを見ると、体操部とアーチェリー部に所属していた彼のことを、同級生は「まじめな人」と評している。[9]

卒業後、ビルはフランク・ウィギンズ職業学校に進み、自動車整備士になる勉強を始めた。このころ、被服の勉強をしていたイタヤ夫妻の長女メアリーと出会っている。1912年生まれのメアリーは3人兄弟の一番年上で、20年には弟のサミーが、25年には一家の末っ子の妹ユーニスが生まれた。メアリーは1933年にフランク・ウィギンズ職業学校で単位を取得すると、仕立屋のお針子や劇団の衣装デザイナーとして働いた。[11]

二人は卒業後すぐに結婚し、ビルはハリウッドのヴァイン通りに自動車修理工場を開き、白人を主な顧客として車の塗装や修理をして週に40ドルを稼いだ。仕事の合い間に写真を始めたり、ミニチュアのレーシングカーづくりに夢中になった彼は、『モデル・クラフツマン』『モデル・エアプレイン・ニュース』『ポピュラー・フォトグラフィー・マガジン』などの雑誌を読んでいた。一方、メアリーは『ロサンゼルス・タイムズ』『リーダーズ・ダイジェスト』『レディース・ホーム・ジャーナル』『ライフ』『ヴォーグ』『マコールズ』『コスモポリタン』などを購読し、時事やファッションに目を配った。1940年、メアリーは息子を出産、夫妻は息子をビルと名づけ、普段はビリーの愛称で呼んだ。[12] ビリーは日系人の第三世代、つまり「サンセイ［三世］」である。1941年12月に起きた真珠湾攻撃は、ビリーの2歳の誕生日の直前だった。当時、日系人のコミュニティに三世はまだ少なく、日系人人口のわずか8％に過ぎなかった。[13]

真珠湾攻撃で、マンボ家とイタヤ家を含む西海岸のすべての日系人の生活は一変した。連邦政府関係者は日本とのきたるべき開戦に備え、何年も前から、日系一世のコミュニティにおける主導者を危険人物とみなし、リストアップした機密の一覧を作成しており、真珠湾攻撃の数日後から数ヵ月のうちに数百名にのぼる仏教僧、武術指導者、日本語教師、コミュニティの幹部らを逮捕した。[14] ノーウォークの日本語学校のPTA会員だったジュンゾウも、1938年から41年まで同校の会計監査を行なっていたことから、一斉逮捕者の一人となった。1942年3月13日、彼は自宅で［連邦捜査局FBIの］捜査官に逮捕され、ロサンゼルス郡拘置所に拘留された翌日、カリフォルニア州ツジュンガのツナ・キャニオン不法移民仮収容所に移送された。そこからさらに、ニューメキシコ州のサンタフェ司法省敵性外国人抑留所に移され、同年5月末まで約2ヵ月以上同地で留め置かれた。[15]

このFBIによる敵性外国人の一斉逮捕は、西海岸の比較的少数の日系一世を対象に行なわれたもので、二世の逮捕者は一人も出なかった。この時には拘束されなかった日系人がカリフォルニア州、オレゴン州、ワシントン州に11万人以上在住していたが、彼らにとっても、真珠湾攻撃以後の生活は、日に日に不安に満ちたものになっていった。当初、日系人に対する大規模な報復措置を求める声はほとんど上がらず、フランクリン・D・ローズヴェルト大統領［1882－1945］も沈黙を守っており、同政権の司法長官フランシス・ビドル［1886－1968］は、日系（およびドイツ系やイタリア系）アメリカ人の権利を尊重するよう、国民に呼びかけていた。だが、日本軍が西太平洋の島々へ、さらに東南アジアへと次第に勢力を広げると、アメリカ人はハワイどころか合衆国本土西岸の安全を強く懸念するようになり、日本軍が攻めてくるという噂が広まった。移民排斥主義者の団体や、人種的・経済的理由で、長年、日系人を締めだしたいと願っていた農業関係者は、この機に乗じて日系人の一斉排除を求めた。むやみに不安をあおりたてたのはマスコミ報道だけではなかった。良識ある穏健派とみなされていたウォルター・リップマン［1889－1974。アメリカのジャーナリスト］のような人物まで、この猜疑心と恐怖にあふれた世論に同調した。そして、西岸州からの議会派遣団はこぞって、このような世論を増幅させたのである。

こうした重圧のもと、軍幹部は西海岸からの日系人一掃計画を策定した。ローズヴェルト政権下の司法省はこの計画が非合法かつ不必要と反論したが、軍部が論争を制し、1942年2月19日、ローズヴェルトは大統領令9066に署名した。これにより対象地区を指定する白紙委任状を与えられた軍部はほどなく、南北に延びる西岸全域から「いかなる者であれ」退去させることが可能になった。政府が実施した退去命令は差別的だった。司法省が一部のドイツ人やイタリア人（ドイツ系、イタリア系アメリカ人を除く）を逮捕したり拘留したりする一方で、軍部は在留外国人・アメリカ市民の区別なく、すべての日系人の大規模な排斥を命じたのである。

日系住民は1942年3月末から6月までのあいだに次々と強制退去を命じられた。退去は、通知を受けてから1、2

週間以内でなくてはならず、しかも、わずかな手荷物だけしか携行を許されなかった。日系人が所持品やペットを慌ただしく処分するか、捨てるかしかないような状況で、隣人たちは二束三文の値がついた動産・不動産を我先にと買いあさった。

　マンボ家・イタヤ家の退去日は1942年4月28日である。この混乱のなかで、マンボ夫妻はまだ2歳でよちよち歩きのビリーの面倒をみながら、自分たちの身辺整理もしなくてはならなかった。彼らは多くの物を置いていかざるを得なかったが、そのなかには、商売道具である自動車整備用の工具も含まれていた。[16]イタヤ家ではジュンゾウがニューメキシコに拘留されていたために、メアリーの母で、夫の留守をあずかるリヨが、ことに対処しなくてはならなかった。彼女の唯一の支えは、息子サミーと高校生の娘ユーニスだった。サミーは当時21歳で、カリフォルニア大学バークレー校の予備役将校訓練課程にあったが、学業を断念して、強制退去の準備を手伝いに、自宅に戻っていた。

　イタヤ家の主たる財産は10エーカーの農地で栽培していたルバーブだった。農園の管理をするジュンゾウが6週間も不在だった以上、申し分のない出来とはいえなかったが、多年生植物の株には価値があった。一家の留守中の作物の管理・収穫・販売に関する契約は、息子のサミーがとりしきり、イタヤ家に代わって新たにルバーブの栽培を行なう借地人と、一家が地主だと信じていたポール・ウィルソンという男（のちに、それが虚偽だったと判明する）の三者で締結された。それが4月27日、出発前日のことだった。契約書にはサミー・イタヤがルバーブの所有者であり、これまでと同じ土地でルバーブを栽培すること、戦争が終結したら、サミーがウィルソンに滞納分の地代154ドルを支払うことでイタヤ家にルバーブが返却される、と明記された。契約によれば、戦争中は借地人がルバーブを栽培、ウィルソンが販売することになっており、利益は［サミーを含めた］三者で等分する規定であり、また、サミーには随時、会計報告を要求する権利も認められていた。[17]

　西海岸のすべての日系人同様、マンボ家もイタヤ家も、あらかじめ指定された日に、政府が婉曲に「集合センター《アッセンブリー》」と名づけた仮収容所の有刺鉄線の中へ「避難」した。少なくとも記録にはそう記されている。これらの仮収容所は、実際には厳重に監視が行なわれる捕虜収容所だった。16ヵ所の仮収容所の多くは、西海岸の南北に散らばる大都市近郊の野外催事場や競馬場に設けられ、マンボ家とイタヤ家が入所したサンタアニタ仮収容所はロサンゼルスのダウンタウンから北東に約15マイル［約24キロ］離れたアルカディアの競馬場内にあった（ジュンゾウは1ヵ月後に敵性外国人審問委員会により「合衆国の安全保障に対して潜在的危険性のない人物」と判断され、サンタフェ抑留所から仮釈放となり、家族と合流した）。

そのサンタアニタでの生活は、マンボがハートマウンテンで撮影したものより、はるかに過酷だった。競馬場に押しこめられた日系人は1万8000人を超え、マンボ家とイタヤ家を含む約8500人が寝起きしたのは、つい最近まで馬小屋だったところを急ごしらえで改装した、馬臭い場所だった。昼間は武装した見張りが周囲を巡回し、夜間は監視塔のサーチライトが仮収容所を照らした。狭い場所に大勢の家族が詰めこまれ、共用のシャワーは馬の洗い場、眠るのはわら布団だった。男性用トイレには仕切りがなく、女性用トイレには仕切りはあってもドアがなく、プライバシーなどなかった。毎日、行列して順番を待つこと以外にすることもない。二世のなかには政府が設置した偽装網の工場で働き、月に12ドルをもらう者もいたが、一世がこの仕事を任されることはなかった。[18]

当然ながらサンタアニタは陰鬱な場所だった。同じ年の8月初めの暑いさかりのこと、看守がバラックの馬小屋の一斉捜索を行なった。小刀や調理器具、ウイスキーやタオルなど、違反品を摘発するためで、これに怒りを爆発させたのが、数千人の日系一世と二世だった。暴動が起き、数百人の兵士が出動して制圧にあたった。[19]

8月中旬、政府はサンタアニタを含む仮収容所の日系人を、西部山岳地帯の僻《へき》地《ち》やアーカンソー南東の沼沢地《しょうたくち》に建設した10ヵ所の常設収容所へ移送しはじめた。これら収容所は「転住《リロケーション》センター」と呼ばれ、ハートマウンテン収容所はそのうちの一つだった。収容所はアメリカ内務省開拓局（USBR）が管理する連邦政府の所有地に建設され、運営には新設の民間機関「戦時転住局（WRA）」があたった。ハートマウンテン収容所は、イエローストーン国立公園から約60マイル［約97キロ］、モンタナ州との州境から45マイルにあるワイオミング州北西の町コーディとパウエルの中間に位置していた。[20]

近隣の住民はアジア系人種と接した経験がなく、連邦政府が西海岸に放置しておくのは危険だとみなした日系人が大挙してやって来たことに、当然ながら不安の色を隠せなかった。「1万人のジャップ襲来」――当時のコーディの新聞は、町がたった6日でワイオミング州第三の人口密集地となることに対して、このような扇情的な見出しを掲げた。この見出しが周辺住民の気持ちを代弁していたことは間違いない。

マンボ家とイタヤ家は、収容所が開設された約3週間後、1942年9月4日に列車でハートマウンテンに到着した。この時点での収容者数は5000人ほどだったが、10月には1万人を超えた。駅舎を出て、なだらかな丘を登ると、到着した収容者の目には、ひときわ高くそびえるハートマウンテンの頂《いただき》と、そのふもとに広がるタール紙［タールをしみこませた製紙用パルプやボール紙。防水力があり屋根板の下などに使われる］のバラック小屋が飛びこんでくる。11ページの写真は、彼らが最初に目にする景色をある程度伝えている。バラックには薄っぺらなマットレスを敷いた軍隊用簡易ベッドと毛布、それに石炭ストーブしかなく、天井には裸電球がぶら下がっていた。ビルとメアリーは2歳の息子ビリーと、16［約5メートル］×20フィートほどの一室に落ち着いた。ジュンゾウらイタヤ家は、同じ建物の二部屋先の20フィート四方の部屋をあてがわれた。部屋を仕切る壁が薄いうえ、壁が天井までないために物音がバラック中に響き渡るこの建物では、部屋を出なくても会話ができた。食堂、洗濯場、トイレなどの施設はすべて共用で、食堂は1万人以上に十分な食料を備蓄するのが難しく、1943年の中ごろまで収容者全員に食事がいきわたることはなかった。有刺鉄線の塀と監視塔で囲まれた収容所には同年の秋から冬にかけて、急ごしらえの学校と病院ができたが、必要最低限の設備と備品しかなく、それすらも不足しがちだった。収容所の売店もごく限られた日用品しか扱っておらず、余裕のある収容者の多くは、通信販売で衣類や家具などを揃えた。

持てるものを奪われ、住み慣れた土地を追われた、遠く離れた僻地での不安で屈辱的な暮らし――それがハートマウンテン収容所で日系人が経験したことであり、マンボの写真に写る彼らの営みの根底にあるものだ。写真に写る生活が通常の暮らしに見えるとすれば、それは相応の苦労の末に手に入れたものだったのだ。

マンボの写真一枚一枚には、美しさ、躍動感、喜びが凝縮されている。泳ぎ手が飛びこんだ水面に上がる水しぶき、アイススケートを楽しむ人々の笑顔、ビー玉遊びに熱中する幼い少年、夏の盆踊りで色鮮やかな浴衣をまとう踊り手の優雅な動き、活気あふれるボーイスカウトの行進、相撲の取組……彼が撮影したのはそういうものだ。彼は手製の三脚をうまく利用して、夕刻や明け方のように撮影しにくい条件下でも、収容所やその上に広がる空の微妙な色合いをとらえた。また、日中には、共同トイレの屋根のところで途切れているように見える虹や、バラック小屋の火事を消しとめようとする人々の騒然とした様子、少年野球の即席試合、収容所内に2ヵ所あった、バラック小屋を改装した映画館で上映された『わが谷は緑なりき』［1941年］に人々が行列している午後の一場面などのスナップを撮っている。

留意すべきは、これらの写真はアマチュアカメラマンの手による家族写真であって、プロのカメラマンが記録を目的として撮影したものではないことだ。マンボがカメラを手にした理由は、ほかの人と変わらない。つまり、特別なことや、胸が踊ることや、きれいなものを思い出として残しておくためだ。管理下の単調な収容所生活を記録するために彼がカメラを用いたことはほとんどない。

「ほとんど」とあえて言うのは、何枚かの写真からは幽閉生活やその影響をマンボが意識していたことが垣間見えるからだ。たとえば、幼いわが子を撮影するなら、所内やその周辺にもっとふさわしい場所があったはずだが、彼はあえて有刺鉄線をつかむ息子の姿を撮影している（124ページ）。また、134ページの監視塔が中央にそびえる構図がマンボの写真によくあるものでないことは明らかだ。さらに、通常の祖父母と孫のポートレートならば、100ページの写真のように、ぼんやりと中空を見つめる祖父の姿を撮ったりはしないだろう。カメラを使って思い出にしようとした美や楽しさの世界のなかにも、ひと皮めくれば、彼の強制収容への不満が見え隠れする。

写真に映らないハートマウンテンの日々の生活は退屈で規制ばかりで、収容者の多くは（西海岸からの強制退去で受けた損失の程度はまちまちだったが）経済的な理由から、空き時間に働くことを選択した。ハートマウンテンはいわば小さな町で、1万人以上のコミュニティを支えていくにはさまざまな商品やサービス——農産物・食料品の流通、医療、消火・警備活動、教育、輸送、暖房用燃料の供給、建物の建設・維持、新聞など——が必要だった。1942年9月から45年11月までのあいだにジュンゾウは大工仕事や機械製図、居住区画割り当ての管理業務や土地改良局の灌漑《かんがい》運河造設工事などに携わっている。運河での1ヵ月間にわたる作業以外、給与は月に16ドルだった。これはＷＲＡの定めた準熟練労働の賃金である。運河での作業は熟練労働の賃金レートが適用されて19ドルだった。リヨは１９４３年７月から11月までと44年の秋に、居住ブロックの食堂で働いたことがあるが、２度目の時には、数週間で病気のため、やめることになった。

メアリー・マンボは幼いビリーの子育てのため、働きに出ることはなかった。一方でビルは、１９４２年10月末から44年11月に収容所を出てオハイオ州クリーブランドに職探しにいくまで、収容所の軍用車両整備工場で整備士の職を得て、月給約19ドルの仕事に従事した。この整備工場に勤務しはじめた1年目に、彼の職場では白人管理者と収容者のあいだに大きな衝突が起こるのだが、ハートマウンテン収容所を混乱させたその衝突の一部始終を、ビルは間近で目撃した。１９４３年４月末、所内の農地を開墾しようとしていた収容者の一人が、整備工場の白人の管理担当官に開墾用トラックを貸してくれるよう頼んだ。ところが、担当官がその要求を無視したため、激しい殴り合いの喧嘩になった。これが引き金となって整備工場の労働者が当局に対して抱えていた鬱積する不満が一挙に表面化し、整備工場でストライキが起こり、それが所内の農業従事者にまで波及したのである。この事態に、当局は中立的な調査を行ない、参加者への報復的措置をにおわせたため、ストライキは収束し、収容所側の弁護士が「警官隊の介入と流血の惨事を招いたはずだ」と断じた危機はひとまず回避することができた。[21]

収容所を出ていくという選択も可能だった。当初は一時的だった出所が、のちに無期限でも認められるようになったからだ。だが、これはたやすいことではなかった。出所に関してはすでに１９４２年初めには、砂糖大根の収穫のため、７００人の収容者に対して、数回にわたり一時外泊許可（「休暇」）が認められていた。これは戦時中の人手不足で獲りきれない作物が畑で腐らないようにするためだった。また同時期には、少数の二世が、国内の大学進学のために出所を許可されたり、太平洋戦争下の諜報活動のための通訳や尋問官として軍にひそかに採用されたりした。サミー・イタヤと彼の友人は、１９４２年12月に数週間の一時休暇をとって、ワイオミング州シャイアンのボーリング場でピンの設置をするピン・セッターの仕事に就いたが、クリスマス前には収容所に戻っている。

１９４３年になると、政府は早々に二

つの理由で一時的ではなく無期限退去を奨励する（というより圧力をかける）方向へ政策を転換した。第一に、徴兵で日系二世を「敵性外国人」もしくは「好ましくない市民」に分類していた軍部が、二世だけで構成する日系人部隊のヨーロッパ戦線投入を決定し、その要員が必要になったためだ。第二に、日系人の膨大な数に恐れをなしたWRAが、長期にわたる収容者支援の負担を懸念し、「転住」によって彼らを合衆国中央部に分散させようとしたからだった。しかし、軍部もWRAも、合衆国に忠誠を誓わない日系人を兵士や一般市民として他所へは移住させにくい。そこで収容者を対象に大がかりな忠誠心調査を実施することにした。[22] これは収容者の反発を買い、皮肉なことに、マンボ夫妻を含む多くが抗議を表明し、抵抗した。WRA管轄の10ヵ所の収容所のなかで、ハートマウンテンでは最も組織的な抗議運動が展開された。マンボが撮影した1943年と44年の写真に、その様子は写っていない。ファインダーの外の出来事だったのである。

抗議運動の引き金となったのは、1943年の初頭に実施された忠誠心調査の質問条項の内容だった。17歳以上の全収容者を対象とした、4ページにわたるこの調査票は、個人の居住歴、読書傾向、日本語・日本文化との関係、経済状況などに関する32の質問で構成されていた。なかでも収容者のあいだで物議を醸したのは、男性収容者に対する第27項「合衆国軍における戦闘任務につくことに同意しますか?」と、女性収容者に対する第27項「陸軍看護部隊もしくは陸軍婦人部隊に入隊する意志がありますか?」、日系二世に対する第28項「合衆国に［無条件の］忠誠を誓い、［外国・国内勢力によるいかなる攻撃からも合衆国を防衛することを誓いますか? また］天皇［やその他の外国政府、勢力、組織］への忠誠を否定しますか?」、および日系一世に対する第28項「戦争にいかなる干渉もしないことを誓いますか?」だった。[23]

ハートマウンテンばかりかほかの収容所の多くの収容者の、強制追放から強制収容までの1年間に蓄積されていたストレスや不安や怒りは、この質問状で一気に頂点に達した。西海岸の自分の町や村に戻ることとすら許されず、すべてを失い、行き場もない。「出所許可申請書」と書かれた用紙を突きつけられ、記入を迫られた彼らは、激しく動揺したのである。これは自分たちを収容所から合法的に追いだす罠《わな》なのではないか——彼らはそう疑ったのだ。[24] 二世のなかに自ら進んで入隊しようとする者は少なかった。強制収容や、日系人だけを人種的に分離する部隊編成に怒りを感じていたうえ、寄る辺もない親や親族を残して出征したくなかったのだ。さらに二世は、第27項が自分たちを自発的志願へと誘導するものなのではないかと思い悩んだ。その上、忠誠を否認すべき天皇に対して、あたかも日系二世が忠誠心を抱いているかのようにほのめかす第28項は、彼らを侮辱する最たるものだった。

この忠誠心調査は、多くの志願兵や転住希望者を募るどころか、もっぱら収容者の怒りと抗議を生む結果に終わった。ハートマウンテンの日系二世約500人からなる自主グループは、収容者が時間をかけて質問条項を熟考し、理解できるように、出所許可申請書への記入を一時的に差し止めるよう当局に求めた。各居住ブロックの自称代表者からなる臨時の「ハートマウンテン市民会議」が招集され、政府がアメリカ市民権の定義を明確にするまで回答を拒否するようすべての日系二世に呼びかけもした。当局は、数日で完了するはずの手続きが数週間におよぶにつれ、次第に苛立ちをつのらせ、記入を妨害する者は諜報活動取締法によって逮捕すると脅しをかけた。この事態を、のちにある政府高官は「忠誠心の死」と呼んだが、脅しにはなんの効果もなかった。結局、1943年3月までにハートマウンテンで志願兵となったのは1700名の対象者のうち、わずか42名だった。徴兵年齢〔18歳〕に達した、ほぼ4人に1人の日系二世が、第28項に「No」と回答したのである。329人の日系二世は「国籍離脱」、もしくは日本への移送を求め、アメリカ市民権放棄の要望書を提出した。[25]

忠誠心調査によって起こった緊迫と混乱の様子を、マンボは2枚だけ撮影している。一枚は、見事な青空のもと、高校の校舎周辺に大勢の収容者がひしめきあうように集まっている127ページの写真だ。荷物を手にした人たちが写っている、1943年9月21日火曜日の午後の早い時間にマンボが撮影したこの写真[26]は、忠誠心調査に「No」と答えた結果、ハートマウンテンからカリフォルニア州北東部にあるツールレイク隔離収容所に移送されることになった434人の見送り風景である。それまで、ツールレイクはほかの9ヵ所のWRA管轄の収容所と同等の収容所だったが、政府は1943年夏から10ヵ所すべての収容所の、忠誠心調査に合格しなかった者の隔離施設とすることを決定した。その日の朝早く、ツールレイクからハートマウンテンに、忠誠心を認められた431人の収容者が、1台の列車で移送されてきた。そして同日の午後3時には、写真の送別式のあと、「忠誠心がない」と判断された収容者を乗せた同じ列車がツールレイクに向かったのである。収容所内で発行されていた『ハートマウンテン・センティネル』紙によれば「涙ながらに手を振って見送る姿であふれた」とある。[27]

　質問条項に対するマンボ夫妻の回答は、二人をツールレイク行きの列車に乗せることにはならなかったが、二人とも怒りと不満を隠そうとはしなかった。妻の市民権について訊ねられたビル・マンボは「アメリカ人?」と疑問符をつけて答え、国外退去の申請に関する問いには「まだ」と記し、無条件の兵役に関する質問には「Ｎｏ」と回答している。アメリカに対する忠誠および日本に対する忠誠否認に関して問われると、「Ｙｅｓ」「Ｎｏ」で答える代わりに、「すべての権利を取り戻せるという条件つきで。強制収容所のために誰が戦いたいと思うでしょう?」として、明言を避けている。

　メアリーの怒りは夫以上だった。彼女自身の市民権の記入欄には「今は合衆国市民。おそらく」、夫の市民権の欄には「合衆国?」と記し、夫の人種欄には「日系。私たちのせいではない。自分の人種を誇りに思う」と書いている。これまで自分の子どもを日本に行かせたことがあるかどうかという問いには、そっけなく「ありません。なんのために?」と回答し、陸軍看護部隊や陸軍婦人部隊への入隊意志を問われると、「はい。でも軍は人出不足と言いながら、正看護師の資格を持つ私の友人を拒否したのはなぜでしょう?」と答えている。合衆国に忠実かどうかを問う第28項には、与えられた小さな記入枠に「Ｙｅｓ」と書いているが、質問自体が無意味だと強調するためか、「私は合衆国生まれの市民です」と書き添えている。

　こうした態度はマンボ夫妻を厄介な事態に巻きこんだ。１９４３年8月初め、ワシントンＤＣのＷＲＡ本部のある役人から、ハートマウンテンの担当責任者に、ビルとメアリーに関する追加調査の要請があった。その理由は、第28項への二人の回答が「要件を満たしてはいるが(二人の国に対する)共感もしくは忠誠心に疑義が残る」ためだった。

　ビルとメアリーは10月5日、それぞれ別々にハートマウンテンの忠実聴聞委員会に召喚され、収容所側の弁護士とＷＲＡの就職斡旋担当官2名から尋問を受けた。メアリーにはそれほど厳しい尋問は行なわれず、尋問官は彼女の第28項に対する回答を読み上げ、合衆国への忠誠を誓う意志はあるのかとあらためて問うた。「当然です」とメアリーは言った。

「私はアメリカ生まれです。気が短いので、言うべきでないことを申し上げたかもしれませんが」

続いて尋問官は、市民権を選ぶとしたらアメリカと日本のどちらを選ぶかと訊ねた。メアリーは「いま持っている市民権です」と答え、その理由として「私はあの国を知りません。生まれ育ったのはアメリカで、ずっと白人と暮らしてきました。日本へ行く理由がありません」と説明している。できるだけ多くの日系二世を転住させるというＷＲＡの方針に沿って、尋問官は彼女の出所の意志についても聞いた。メアリーは、息子のビリーがまだ小さいあいだはその意志はない、と回答した。

「息子がいなければ出所すると思いますが、子どものことを思うと、出ていく気にはなれないのです」

これに対して、これまで自分や家族への処遇に怒りをあらわにしていたことも一因となり、マンボへの尋問は厳しいものとなった。彼は、カリフォルニアから強制退去させられたときの合衆国に対する心証はいいものではなかった、と尋問官に述べ、「アメリカ市民に対して、こんな扱いはないと思った」と訴えた。徴兵に応じるには出所が前提だと発言したうえで、マンボは「日系人戦闘部隊という考えは気に食わない」し、「庭仕事や、バラック小屋の掃除みたいな」雑役もやりたくないが、家族を有刺鉄線の中に残して、従軍することなど考えられない、と答えた。そして、「従軍するならまず、家族の生活を落ち着かせてからだ」と続けた。

忠誠心を問う第28項に対するマンボの曖昧な回答は不興を買い、尋問官は、彼のそうした態度のせいで収容生活は長引くだろう、と言った。マンボが自分には収容所の軍用車両整備工場にまともな職があるのだから、収容所にとどまることに問題はないはずだと返すと、尋問官はそれにも満足せず、態度をはっきりさせるよう迫った。

「『Ｙｅｓ』と答えるつもりはあるのかね?」

「もちろんです。でも、この調査は……言論の自由に基づいたものでしょう?」

マンボが訊ねると、尋問官の一人は「当然だ」とぶっきらぼうに答え、「君が忠誠心を表明する方法はただ一つ、無条件の『Ｙｅｓ』だ」とたたみかけた。

最後に尋問官は、メアリー同様、マンボにも収容所を出る意志があるのかどうか問いただした。彼が出所を望まないのは単純な理由からで、手元に自動車整備用の工具がないためだった。強制退去の際、工具類は自宅に置いてくるしかなかったのだ。彼は、その工具を収容所に送ってくれるようWRAに何度も請願していたものの、その願いは規則違反として毎回却下された。尋問官は、出所を条件に工具の返却をにおわせたが、マンボは出所前に整備工として仕事を見つけるのに、工具を持っていることは絶対条件で、道具を持たない職人など雇うところはない、と訴えた。職を探したいのに、工具がなくてできないという八方ふさがりの状況に彼は置かれていたのだ。結局、この聴聞会は、工具の送付要請をワシントンの当局に伝え、その回答を後日通知するという不確かな約束がなされて幕引きとなった。

この年（1943年）、マンボは、柔道や野球の即席の試合、学生の行進や盆踊り、マーチングバンドの楽隊長や着物姿の踊り子などを撮っているが、胸の内にこうした葛藤や問題を抱えながらの撮影だったのである。こうした歴史の文脈のなかであらためて見てみると、彼の作品を「収容所のさまざまな出来事をいきいきと描写したアマチュアカメラマンによるスナップ」とひと言で片づけることはできない。それらはむしろマンボ自身のアイデンティティに対する葛藤の記録であり、夫妻が忠誠心調査で自らの市民権について訊ねられた際、「アメリカ」「合衆国」と書いたうしろにつけた疑問符と同じものに見えてくる。

1944年2月、WRA本部の調査委員会は最終的に二人を「忠実」と判断した。メアリーについては「自らの忠誠心に疑義を抱かれたと思い立腹した」がづけ、彼女の回答は「不忠実ではなく、むしろ公民権を求める抗議」とみなした。「非常にアメリカ人らしい人物」と結論

他方、マンボは「率直で隠しだてのない人物」であり、「強制退去直後はアメリカに批判的だったが、現在は改善した」と判断され、3月30日付で、当事者が望み、転住先が見つかり次第という条件つきで、二人に「出所」——収容所からの転住——が正式に認められた。

この当時のハートマウンテンの空気は、忠誠心調査が実行された1年前よりもさらに緊迫していた。1944年1月末、軍部はヨーロッパ戦線に日系二世の戦闘部隊を投入するため、WRA強制収容所から徴兵を行なうと正式に発表していた。この知らせはすべての収容所で新たな物議を醸したが、ハートマウンテンの抵抗運動はやはり最も組織的なものと

なり、数名の二世男性が「フェアプレイ委員会」を設立し、2月初旬には食堂で集会を開いて、強制退去や強制収容の違法性を糾弾した。3月の初めには委員会の会員はかなりの数にのぼり、徴兵の前提条件として市民権の回復を訴えるビラを貼ったり、所内の新聞紙上で、保守的なグループと徴兵の合法性についての公開討論を行なったりした。[28]

フェアプレイ委員会の活動は言論面にとどまらず、同じ月には、任命式や入隊前の健康診断への参加を拒否する若者も現れた。最終的にハートマウンテンでは、徴兵を拒否した85人以上の若者全員が徴兵忌避の罪で逮捕され、連邦裁判所で懲役判決を受けた。[29] ビルはすでに30代半ばになっており、幼い息子もいたため、徴兵の対象にはならず、この厄介な問題からは免れられた。しかし、彼が忠誠心調査や尋問で見せた怒りは、フェアプレイ委員会が感じていたものと同じだった。

一方で、ビルには兵役を支持する理由もあった。義弟サミーが陸軍に入隊していたからだ。1943年2月の時点で、サミーは兵役に対する態度を決めかね、「最高裁判所＋議会の決議で私の市民権が確実なものとされ、かつ、いかなる部隊への志願も認められるなら」という条件つきで兵役に服すると忠誠心調査で答えていた。だが、時間の経過とともに、彼の気持ちは変化した。忠誠心調査に合格した翌月に、イリノイ州バーリントンでの農業労役に就くため出所したサミーは、その数ヵ月後、入隊を決意し、訓練ののち情報部に配属された。ビルやメアリーが多くの写真で息子ビリーに軍服を着せるようになったのは、おそらくサミー叔父さんが従軍していたからなのだ。

家族を有刺鉄線の向こうに押しこんでおきながら、自由のために戦えという政府に対する思いは人によってさまざまで、どの家庭でも単純に割りきれる問題ではなかった。マンボの写真からも、また、彼やサミーの忠誠心調査への回答からもわかるように、兵役は両家にとっても頭を悩ます問題だったのである。

新しい土地、新しい仕事先への移転問題も、マンボ家・イタヤ家を含む多くの家族に大きなストレスを与えた。1945年1月まで、日系人は西海岸への立ち入りを禁じられていたため、収容所を出るといっても、東部をはじめ、なじみのない見知らぬ土地に行くしかない。環境の変化を厭わない野心的な収容者には、収容所を出ることとは、単調で規則に縛られた生活から逃れられるという期待を与えてくれるものだったし、強制退去に続く強制収容のせいで逼迫《ひっぱく》した財政状況を立てなおす、願ってもないチャンスでもあった。懐具合が厳しいのはイタヤ夫妻も例外ではなく、入所時に工面した３００ドルは、１９４４年には１セントも残っていなかった。夫妻の収入は、労働賃金と衣類手当をあわせた、せいぜい月平均26ドルだったが、一家の１ヵ月の経費は約80ドルかかるため、大幅な赤字だった。１９４３年３月以降は、収容所を出てイリノイの農場で働くようになったサミーが月に50ドルを送金してくれていたが、彼が入隊すると、それも途絶えた。ジュンゾウが外に仕事を見つけさえすれば、経済状態がもっと安定するのは明らかだった。

だが、収容所を出ても、住み慣れた西海岸からは遠く離れてしまううえ、見知らぬ土地での生活が今よりよくなる保証もない。白人のコミュニティや白人の雇い主の日系人に対する偏見や反日感情を経験することもあるだろう。収容所を出ていくことは精神的・物理的な負担を強いられる難題であり、家族や友人の身を、不確かな将来に託すことでもあったのだ。

１９４４年秋、イタヤ夫妻はいよいよ覚悟を決めた。サミーが収容所を出てから1年以上経ち、末娘のユーニスも前の年に18歳になると、シカゴの謄写版《とうしゃばん》印刷会社に仕事を見つけて収容所を出ていた。メアリーだけがハートマウンテンに残っていたが、義理の息子マンボが収容所を出て求職活動中だったため、夫妻にしてみれば、自分たちだけが収容所に残されるのは時間の問題だった。11月9日、ジュンゾウが収容所の日系一世・二世を対象に求人を出していたニュージャージー州のシーブルック農園へ面接に向かうと、農園が11月中旬からの仕事をくれたので、彼は取り急ぎリヨを迎えにハートマウンテンに戻った。

ところが、夫の留守中に神経衰弱になってしまったリヨは、ニュージャージーまで旅をできるような状態ではなかった。めまいに襲われ、吐き気も止まらなかった。所内の医師は「高血圧と神経衰弱」によるものと診断し、ゆっくり休養することを勧めた。結局、リヨは食堂の仕事をやめ、ジュンゾウもニュージャージー行きを中止し、残って看病したが、病は長引いた。１９４５年９月末になっても、医師が「神経症」と診断した症状が続き、リヨは怒りっぽく、音に敏感になり、四六時中、ひどい頭痛と食欲不振、不眠に苦しんだ。

そして、ようやく終戦の日を迎え、日系人はふたたび西海岸に足を踏み入れられるようになった。家族のなかで収容所にとどまっていたのはイタヤ夫妻だけだった。二人の子どもユーニスとサミーは1943年に、ビル・マンボは44年11月にクリーブランドで工場労働の仕事を見つけ、それぞれ収容所を出ており、メアリーとビリーも45年7月にクリーブランドに移っていた。ハートマウンテン収容所は閉鎖されることになり、残っていた収容者たちは強制退去を求められた。取り残されて無一文になったこの一世夫婦は、生活を立てなおすために、かつて住んでいたカリフォルニアの土地で、またルバーブを収穫しようと考えた。

　だが、二人が文字どおり無一文になったことを思い知らされたのは、そのあとのことだった。イタヤ家は、地主だと信じて契約を結んだポール・ウィルソンという男に騙されていたのだ。戦争中の一家のルバーブ畑の収穫を管理し、戦争の終結とともに返還するという契約を結んだこの男は、借りていた土地の所有者ですらなかった。もともと彼のものだったその土地は、税金未納のため1937年に没収されており、カリフォルニア州が43年1月まで土地の所有権を請求しなかったため、ウィルソンは、なんの法的資格もないのに、イタヤ家が支払った数年分の地代を着服したのだ。1942年にイタヤ家が強制退去で姿を消すと、収穫前の一家の畑は、数ヵ月も経たないうちに更地にされてしまっていた。敷地にはイタヤ家の持ち物だった2棟の可動式の物置が置いてあったが、跡形もなかった。年老いた夫婦には、ノーウォークに自分たちが暮らしたという痕跡すら残されていなかったのだ。

　一方、オハイオのマンボ夫妻は、1946年にビルが背中に怪我を負い、工場の仕事を続けられなくなったため、カリフォルニアに戻って、以前住んでいたハリウッドで自動車整備工場を再開した。イタヤ夫妻も近くに越してきた。ジュンゾウは義理の息子の整備工場で苦心の末に魚の練り物の製造機を設計し、ついにはリトルトーキョーのある店にその機械が導入されることになった。戦後しばらく、マンボ夫妻は友人を招いてビルが撮影したスライドを見て、ハートマウンテンでの生活を懐かしんだ。この会は数年続いたが、その後スライドは夫妻の思い出の品とともに箱の中にしまいこまれた。[30]

　家族にビリーと呼ばれていた息子のビル・マンボは父親の母校ハリウッド高校を1958年に卒業すると、空軍に入隊し、62年まで気象中隊にいた。その後、イリノイ州の職業専門学校で機械工になる訓練を受け、同じころスカイダイビングを始め、それがきっかけで、パラシュートメーカーで職を得て、のちに、ダグラス社の緊急脱出用システムを開発したり、ボーイング社でアメリカン航空の管制業務に携わった。長年、スカイダイビングの愛好家だったビリーは、怪我でやめるまでに１１５０回以上のフリーフォールの記録を打ち立てた。[31]

あの小さかったビリーも今や70代前半となった。彼は、足に残る小さな火傷の痕以外に、自分が有刺鉄線の中にいたからといって傷ついたことなど何もない、と断言する。火傷は収容所時代に、宿舎の外にあった石炭の燃えかすの上に飛び降りたときにできたものだった。だが、彼の両親や祖父母が生きていたら、収容所生活を、そのひと言で片づけてしまうだろうか。ハートマウンテン収容所に収監され、狭い場所に押しこまれ、将来の計画も財産も奪われ、自らのアイデンティティに疑念を抱かされ、さげすまれた彼らが。

ビル・マンボが自分のカメラとコダクロームのフィルムで残そうとしたものは、彼らをそんな目に遭わせた時代の趨勢ではなく、その対極にあるものだった。彼は風景や、大勢で賑やかに踊る踊り手や、相撲や、行進の写真のなかに、自分の置かれた場所の美しさや楽しさを探し求めていたのであり、むしろ収容所生活の鬱陶しさや単調さから逃れるためにファインダーをのぞいていたと考えるべきだろう。家族写真は、この大きな時代の渦《うず》に明らかに抗うものだ。仲良く肩を並べた家族の姿を撮ることで、小さな息子に、この異常な状況のなかにあってさえ、できるだけ正常な生活に見える、ごく普通の子ども時代を記録として残そうとしたのだ。

これらの写真の出版を不快に思う日系人もいるだろう。有刺鉄線の向こう側の美しく楽しそうな写真のせいで、かつての「日系人は収容所でいい思いをした」という主張がふたたび復活するのではないかと懸念する人もいるかもしれない。また、日本の民族衣装を着て日本の文化行事に参加している写真が、日系人コミュニティは「合衆国に忠実ではなかった」という主張を復活させることになると恐れる向きもあるだろう。しかし、少し考えてみればわかるはずだ。私がここに述べた一家の悲しい物語を前にすれば、そんな懸念は、印画紙の表面しか見ていないがゆえのものなのだということを。

西の丘から見下ろす収容所のパノラマ。地平線上にビッグホーン山脈が見える。

おもちゃの飛行機を手に家族写真用にポーズをとるビリー。
うしろは左からメアリー、ジュンゾウ、リヨ、マンボの義妹ユーニス。

一 盆踊りの踊り手のクローズアップ

おしゃべりする娘たち。ハートマウンテンでは、1943 年と翌年 7 月に盆踊りが開催された。写真がどちらの年かは不明。

盆踊り

日本の伝統衣装を身につけている子もいれば、洋服を着ている子もいる。

特別にしつらえた木製の足場「やぐら」の周囲を踊る踊り手たち

ライスクリスピーやウィート・ナックスなどの朝食用のシリアルの空箱でつくった衣装をつけたカチナ［インディアンの信仰する精霊］のような踊り手

盆踊り

見物人の前を通りすぎる踊り手

有刺鉄線の向こうの若者の日常

ベーコン・サカタニ

ハートマウンテンに収容されていたころ、ビル・マンボは子どもの写真を撮るのが好きだったようです。ボール投げ、水泳、アイススケート、マーチングバンド、盆踊り、おはじき遊びなどをしている子どもの写真がたくさんあります。私も子ども時代をハートマウンテンで過ごし、年はマンボの息子より10歳ほど上です。マンボの写真に私は写っていないようですが、私もいつもああいう遊びをしていたので、写っていたとしても不思議はないのです。マンボと夫人のメアリーはすでに亡くなり、収容所での経験を語っていただくことはかなわず、当時はまだ幼かったご子息も、当時のことはほとんど覚えていないそうです。子ども時代を収容所で過ごすとはどういうことなのか、そして、「囚われの身で楽しむ」とはどういうことなのか、私の経験がそのヒントになるかもしれません。

私の父は一世で、1915年に父の両親、つまり私の祖父母とアメリカにやって来ました。祖父母は第一次世界大戦後、日本に帰りましたが、父はアメリカに残り、日系人が所有する畑で収穫した野菜を卸市場に運ぶ「荷役」として働きました。結婚のため一時日本に戻った父は、母を連れてアメリカに帰国し、カリフォルニア州ロサンゼルス東部のエルモンテで野菜農園を始めました。兄が二人、姉が一人、そして私が1929年に、その数年後に妹が生まれ、家族は30年代後半に新しい農地を求めて、ラプエンテというところに移ります。ラプエンテは日系人農家が多く、卸市場や種苗屋のほか、日系人が営む食料品店、魚市場、理髪店、それに、マンボがやっていたような自動車修理工場も数軒ありました。わが家の主産物は、ラズベリー、カリフラワー、キャベツ、ロメインレタス、ブラウンオニオン、カンタロープ［メロンの一種］、それとイタヤ家同様ルバーブでした。広島県出身の両親は、日系移民からなる「広島県人会」という団体にも入っていて、公園や海岸にピクニックに行ったり、学校のホールを借りて日本映画を上映したりしたものです。

　私は、エルモンテで1年生から5年生まで、日系人やヒスパニックの子どものための分離小学校［人種別学校］に、6年生からはエルモンテとラプエンテの普通学校に通いました。10歳になると、兄たちと週に1回、日系人から柔道を習いはじめました。でも、相撲も教えていたその教室は、日本との戦争が始まってしばらくすると閉鎖されてしまいます。ほかにも週に一度、土曜日の放課後に日本語学校に行って、簡単な作文や会話を教わりましたが、会話はもっぱら両親からです。それでもいまだに、日本語では満足に話せませんが。この学校では、日ごろの成果を父兄に見せるため、生徒が劇やスピーチをするのが恒例行事で、皆、意味のわからないことを暗記しなければならないこの行事が嫌いでした。

　第二次大戦前には景気が上向き、日系人世帯も新車、トラック、トラクター、それに電気の調理レンジ（まだガスは通っていませんでした）を購入したり、それまで毎日配達される氷の塊を入れて使っていた「アイスボックス」を電気冷蔵庫に買い替えたりするようになり、私と同世代の男の子も続々と新しいスポーツ用自転車を買ってもらっていましたが、私も少ししたら買ってもらえることになっていました。そのころ、家の隣には、当時はもう週に一日しか働いていなかった、引退した白人が住んでいて、彼が飼っている鶏に餌をやっておくと、お駄賃に5セント玉をくれたこともありました。

　高校生の兄はポンコツのフォード・コンバーチブルを手に入れ、塗装しなおし、幌《ほろ》を付け替えて、ドライブしたり、放課後の運動に出かけたりしていたようです。姉は両親にピアノを買ってもらい、毎週先生（当然日本人です）のレッスンを受けていました。

　そして、1941年12月7日の日曜日、真珠湾攻撃が起きました。ラジオで日米が開戦したことを知った姉は、畑仕事をしていた父にこのニュースを伝えにいき、母はリンカーン大統領の肖像画だけを残し、家から日本のものを一掃しました。

すると、ほどなく私たちの住む地区にFBIがやって来て、国の安全を脅かす危険があると、一世を数名、連行したのです。その数ヵ月のち、父の留守中に訪れたFBIの捜査官は家宅捜索後、父が戻ってきたら出頭させるように、と言い残して去っていきました。命令どおり警察署に出頭した父は、ジュンゾウ・イタヤのように、2マイル［約3キロ］ほど離れたツジュンガに連行され、その後ニューメキシコ州サンタフェの司法省管轄の強制収容所に移されました。私たち家族が父と再会できたのは、父が釈放された1942年7月のことです。

父の逮捕後、当時高校生だった一番上の兄は、学校をやめて農園を手伝うことになり、夜には、収穫した野菜の卸市場への配達も始めました。やがて1942年の春、すべての日系人を対象とした、地域ごとの集合センター《アッセンブリー》への「避難」が始まります。私たち家族は、自分たちの住む地区に立ち退き命令が出される前に、なんとかして農園を処分しなくてはなりませんでした。1942年5月9日、電柱、建物の壁などいたるところに「すべての日系人は……在留外国人［日系一世］、非在留外国人［日系二世］の如何にかかわらず……1942年5月15日をもって立ち退くこと」と書かれたボール紙が貼られました。貼り紙には「持ち物は個人もしくは家族が携帯できる大きさと数量に限定する」ともありました。

たった6日の通知で財産の大半を失う苦しみを味わった私たちは、近くの集合場所に出頭し、ロサンゼルス郡フェアグランドにあるポモナ集合センターに連行されたのです。持っていけたのは、手に持てるだけのものでした。この時、母に買ってもらったばかりの、新しい革のジャケットを持っていったことを覚えています。家族6人にあてがわれたのは、タール紙で囲われた20フィート［約6メートル］四方の軍の宿舎のような部屋でした（私たちがポモナに着いたとき、父はまだサンタフェに収容されていました）。私たちには、軍隊用の小さなベッドの上に載せるマットレスとして、キャンバス地の袋が渡され、それに自分たちで藁《わら》を詰めました。まわりに監視塔と高いフェンスがめぐらされ、脱走は不可能だった収容所には5500人が収容されていたのですが、食堂やカフェテリアはたった3ヵ所でしたから、いつも営業前から長蛇の列ができていました。所内のシャワーと便所は共同です。ところで、ポモナには学校がなく、当局は子どもたちにソフトボールをやらせるようになり、チームのメンバーとなった私はここで初めてソフトボールを覚えました。音楽好きな人たちはバンドを結成し、ほどなく設置された野外ステージでは毎週、素人演芸会が行なわれ、立ったまま、あるいはほこりっぽい地面に座ったまま聴いていた観客にも、のちに折り畳みのいすが用意されました。

所内ではパチューコ「不良のメキシコ系アメリカ人」風の長髪に、折り返し部が細くなったドレープバギーパンツをはいた若者のグループが目を引きました。狭い場所に5000人を超える日系人だけが閉じこめられるという経験は誰にとっても初めてのことでしたが、反対集会を開く者もいなければ、私と同世代の若者たちが抗議したという記憶もありません。しばらくすると、収容者によるガリ版刷りの新聞が週1回出るようになりました。そういえば、家族の洗濯ものはどうしていたのでしょう？　まったく記憶にないので、おそらく母と姉がやっていたのでしょう。来客は許可されており、地主さんが一度会いにきて、武装看守が厳しい目を光らせるなか、再会を喜んでくれたのを覚えています。高校を卒業予定だった学生のためには、競馬場内で卒業式が行なわれ、兄も参加しました。

その年の8月、ハートマウンテン転住《リロケーション》センターに移送されることになった私たちは、何台もの列車に分乗させられ、ワイオミング州の人里離れた収容所へ移りました。南カリフォルニアの砂漠、アリゾナ、ニューメキシコ、そしてコロラドと通過する駅名を列車の中から声に出して読んだ覚えがあります。私は13歳の誕生日を迎えたばかり。硬い座席に座って、町を通過するときや、対向列車が来るときには、日よけを下ろすよう命じられる旅でした。

3～4日後、ハートマウンテン近くの駅に列車が到着すると、数名の白人が、私たちが通りすぎるのをじろじろ見ていました。私たちはここで父と再会し、できたばかりの収容所の第9区22-Eという部屋を割り当てられました。部屋の広さは20フィート四方で、天井部は隣との仕切りがなく、裸電球がぶら下がり、石炭ストーブ、モップ、箒《ほうき》、バケツだけ備えつけられています。家族7人のスチール製ベッド、マットレス、毛布が支給され、ベッド7台を置くと、部屋にはもう何も置けません。それでも、この部屋が食堂と洗濯場の近くにあったのは幸運でした。建設工事はまだ続いており、私たちはあたりに転がっていた廃材で間に合わせの家具をつくり、ストーブ用の石炭入れを満杯にしておくのが私の日課の一つになりました。

来たばかりのころは、食堂で家族ごとに食事をしましたが、同世代の仲間ができると、子どもだけで食べるようになりました。朝起きると、便所に行き、それから日によって、一緒になった友達と朝食をとるのです。年下の私は、部屋を掃いて、モップがけをするのが決まりで、仕事をすませると、あとは友達と一日中遊んでいました。収容所のフェンスの外に出ることは禁じられていたので、男の子同士で食堂の外にあった段ボールで盾《たて》をつくったり、所内のあちこちで泥団子を投げ合ったり。一度、年下の仲間をひどくいじめ、その子の親が警察に訴えたため、収容所の警察署でひどく叱られたこともあります。幸いにもこのことは私の親の耳には入りませんでしたが。

当時、20区画に1万人が住んでおり、その収容所を取り囲むように建っていたのが、監視塔です。夜になると大きなサーチライトがあたりを照らし、武装した看守が配置されました。

秋の初めに雪が降ると、廃材の山のなかから木切れを引っ張りだしてそりをつくりました。うまい具合に鉄板を見つけた私は、それをそりの底に貼りつけ、みんなより早く滑り下りることができました。ある時、フェンスの外にあった丘にそり滑りに行くと、そこはすでに若者でいっぱいでした。その時、丘で同じようにそり遊びをしていた32人の若者のグループが、境界の外に出た規則違反で看守に連行されたことをあとから聞かされましたが、今思えば、自分が当事者だったら、ちょっとした武勇伝だったでしょう。本人たちは身が縮むような思いだったかもしれませんが。雪だるまをつくったり、雪合戦もしました。気難しい、子ども嫌いのお年寄りがいたのですが、そのお爺さんが歩いてくると、背中に雪の玉をぶつけ、見つかる前に大急ぎでバラック小屋の角に隠れたものです。

所内にアイススケートリンクができると、スケート靴が子どもたちの必需品になりました。スケートの上達は楽しいことでしたが、子どもたち全員分のスケート用品を揃える親には大変な負担だったでしょう。収容所にはもちろん百貨店などないため、こうしたスポーツ用品は、シアーズ・ローバック社やモンゴメリー・ウォード社などに注文せざるを得ません。これらの通販会社は、収容所に閉じこめられた人々に生活必需品を供給して、大きな売上を上げていました。

しばらくすると、外側の境界を越えなければ、フェンスの外に出られるようになりました［収容所の居住区域は、1マイル四方を有刺鉄線で囲まれていたが、収容者は日中にかぎり、外に出ることを許されていた。収容所の敷地の外周には、有刺鉄線の囲いこそなかったものの、監視塔から収容者が敷地の外に出ないよう監視が行なわれていた］。近くの丘にハイキングに出かけると、リスやツノトカゲやウサギがいて、ガラガラヘビを見つけた仲間の一人は、それを棒で叩きつぶし、鋭く尖らせた棒の先で頭を切りとって、上着のポケットにでもその尻尾を入れたのか、あの恐ろしい音をさせて歩いていました［ガラガラヘビは尻尾が発音装置になっている］。なんで、あの時の尻尾と毒牙を残しておかなかったのだろう、と今になって思います。暑い日に遠出したあとは、食堂に行って、最高に美味しい1個5セントのシングルコーンのアイスクリームを食べるのが楽しみでした。

1942年の秋には、バラック小屋で学校が始まり、20フィート四方と、縦20×横24フィートの二つの教室が、硬いベンチに座る生徒で埋めつくされました。私は8年生でした。机も黒板も教科書もない、先生だけがいる教室は、寒い日には、石炭ストーブのそばに座っている子は火傷するほど暑いのに、教室の隅に座っている子は凍えそうな場所でした。天井には仕切りがありませんから、隣の教室の音は丸聞こえです。8年生の授業では新しく「環境（Environment）」と「適応（Adaptation）」という言葉を習いました。

翌年の秋には新校舎が建設され、大きな体育館もできました。ある時、体育の授業で、理由はわかりませんが、生徒たちが先生の手に負えなくなるほど騒いで収集がつかなくなったことがありました。私はその時、決して騒いだりしませんでしたが、怒った先生から授業が終わるまでにスポーツマンシップについてのエッセイを書くよう言い渡されたのを覚えています。機械製図の入門コースを取ったのもこの学校でのことでした。機械製図を好きになった私は、のちに2年間通ったコミュニティ・カレッジでもこの科目を専攻しました。

高校のバスケットボールチームは、外部の学校と、所内の体育館で試合をすることもあり、応援には熱がはいりました。また、ここのアメフトチームは強豪で、1944年には、近くの白人コミュニティの高校のチームを軒並み破って、カンファレンス［地区ごとのリーグ］で優勝しました。もし決勝戦で勝てば、州代表になれたのです。

収容所には各居住区に2ヵ所の「娯楽

設備」――といっても実際には縦１００〔30メートル〕×横20フィートほどのバラック小屋――がありました。私の区画の娯楽室では毎週、プロテスタント教会のミサが行なわれていて、私は友達に誘われ、日曜学校に通いました。ボーイスカウトのバッジ取得のための進級課目だったからです。普段は娯楽ホールのようなその場所で、卓球やボクシングも覚えました。所内に2ヵ所あった映画館の一つも私の区画にあって、木製のベンチが並び、うしろの座席はほかより少し高くなっていて、窓には暗幕がかかっていました。上映していたのは古い映画ですが、本編の前に、ニュース映画や「フラッシュ・ゴードン」〔アメリカの新聞連載漫画〕など連続ものを流していました。入場料は子どもが5セント、大人が10セントでした。

いつごろからか、鬱屈した少年たちがグループでたむろしたり、もめごとを起こしたりすることが多くなりました。そこで当局は、若者を集めてコーチをつけ、タックルフットボールのチームをつくったのです。チーム名は「ブルドッグス」です。フットボールをするのは初めての若者ばかりでしたが、これをきっかけに、私たちはソフトボールのチームも結成しました。

また時には、親切な二世の男性がいて、バルサ材製のグライダーのつくり方を教えてくれました。プロペラを、輪ゴムをねじったモーターの代用品につなげると、わずかでも、飛行機を空中に飛ばすことができるので、私たちはどれくらい飛ばせるか競ったものです。14歳になるかならないかのころだと思います。ある日、その人から、収容所にいるあいだに近くの町の様子を見にいってきたらどうかと言われ、外出パスをもらって、バスで約12マイル〔約19キロ〕離れたパウエルという町に行きました。この時のことは「ジャップお断り」という店頭の貼り紙が目に飛びこんできたこと以外、何も記憶していません。そんなものを見たのは初めてのことで、胸がドキドキしました。

フットボールと同じく、若者がトラブルを起こさないように、盛んに奨励されたのがボーイスカウトでした。ボーイスカウトの隊長たちがやって来て、隊が結成され、私は３１３団ボーイ隊に入隊しました。初めての活動はキャンプです。二つの大きな軍用テントをフェンスの外に設営し、中に軍用寝台を並べると、付き添いの保護者が食事の支度をしてくれました。そういえば、ボーイスカウトの卓球のトーナメントでは私が優勝しました！　しかしボーイスカウトのバスケットボールの試合では、得点してチームをリードできたのははじめだけで、シーズンの終わりにはひどい成績でした。隊員が否応なく収容所の演芸会に出演させられたこともあり、「トネット」という楽器を習ったばかりの私も、ボーイスカウトの曲を歌う隊員の伴奏をしたものです。

「そなえよつねに」をモットーとするボーイスカウトでは、さまざまなことを学ぶことができ、これは本当に面白い経験でした。応急処置、モールス信号、ひもの結び方など、当時学んだことはいまだに役立ちます。

夏になると、所内の大きなくぼ地に灌《かん》漑《がい》用の水を溜めて、プールにしました。とても冷たい高山の雪どけ水のプールで、私は水泳を覚え、ボーイスカウトの1級進級に必要な50ヤード［約45メートル］の水泳試験に合格しました。水泳の初心者の私には、決死の挑戦でした。

同じ区画の少年たちと、近くの川にキャンプに行く話が出たこともありました。食堂で、ウィンナーやパンをもらい、いつも見張りのいないフェンスをくぐり、高速道路下の6フィート［約1・8メートル］の排水溝を通り抜けて、ようやくショショーニ川に続く深い渓谷にたどり着きました。この時、近くにあったスイカ畑で、実をポケットナイフでえぐりとって味見をして、食べごろのものが見つかると、川のそばの寝床（テント代わりにしたのは毛布です）に持ち帰りました。ところがまもなく、私たちはあの地方の夏特有の豪雨に見舞われたのです。心配した親が探しにきて、有無をいわさず収容所に連れ戻されました。その翌週、収容所の週報に、「スイカ畑荒らされる　見境なく無残に切りとられ」という記事が載りました。今思い返しても赤面します。

１９４４年の夏には、一世の両親から子世代への影響が強すぎると感じていた所長の意向で、私たち若者は「アメリカの生活」を経験するため、収容所に近いイエローストーン国立公園へ一週間のキャンプに行くことになり、総勢５００人にのぼるボーイスカウト、ガールスカウト、キャンプファイヤー団の少年少女が参加しました。父が公園で使えるようにと釣竿をつくってくれたので、私は地面から掘りだしたミミズを餌に、釣り糸を垂らしましたが、まったく何もかからず、ひと晩そのままにしておいたところ、翌朝、マスがかかっていました。カフェテリアに持っていったあの魚は、はたしてどうなったのでしょう。釣り糸を垂らしたままにしておくのが禁止されていることは、大人になってから知りました。当時は釣りの許可証さえもっていなかったのです。あの小旅行のことは、今でもはっきり覚えています。グランドキャニオン［滝の流れる峡谷］や、熱湯を噴きだす間欠泉など、さまざまな自然の驚異を初めて目にしたのもこの時です。

　また、この夏は、所内の農園で1ヵ月間、豆の収穫もしました。脱穀のために、熊手で刈りとったばかりの豆の蔓《つる》を台車に積むのが私の仕事で、一日8時間労働といっても、ほかの作業員とのんびり作業を進めました。この仕事は12ドルの稼ぎになり、ずいぶんお金持ちになったような気がしたものです。お金を何に使ったかは記憶にありません。

　ところで、収容所の男性用の便所には仕切りがなく、隣とは2フィート［約60センチ］も離れていませんでした。時には便所で隣同士になった仲間と、その日の遊びの計画を立てました。シャワー室ではタオル合戦もやりました。タオルの端をつかみ、裸の相手にそれを叩きつけて、相手を痛がらせたほうが勝ちです。トイレットペーパーを紙巻き煙草のように巻いて吸ってみたときには、ひどい味で、次からは仲間に父親のパイプ用の煙草を盗んでこさせ、それを巻いて吸うようにしました。あそこで、雪の降る凍えそうな夜中に便所に行くのは大変です。うちではよその家のように部屋に溲瓶《しびん》を置きませんでしたが、朝になると皆、布をかけた容器の中身を大急ぎで外へ捨てにいき、白い雪の上には、黄色く丸い染みが点々とできていました。

　父は収容所の外の農園に労役に出ることもあり、時々お酒の入った瓶を持ち帰りました。１９４５年の春には、運よく日本酒用のお米をひそかに持ち帰り、私は、石炭ストーブに載せる蒸し器をつくる手伝いをしました。蒸し上がった米は、調理用バットの上で発酵させるのですが、米がドロドロになってくるとキャンバス地の袋に移します。そして、それを水漏れしないように内側にロウを引き、底に小さな穴を一つ開けたりんご箱ほどの容器に入れ、重しを載せると、キャンバス地から澄んだ液体が染みだしてくるのです。米がちょうどいい具合に発酵すると、独特な香りがするため、姉は家に友達を連れてこないようにしました。米の搾りかすはアルコール分を含んだ良質の酒粕になり、母は所内の魚市場で手に入れた鮭をそこに漬けこんでいました。発酵した米は美味しいおやつにもなりました！　もちろん当時の私は、お酒自体は一滴も飲んでいないことを誓います。

やがて終戦とともに、収容所を出ることになった私たちは、父がジャガイモの収穫の仕事を見つけたアイダホ州にバスで向かいました。人前で日本語を話してはいけないと言われていたため、バスの中で、私たちは誰ひとり口をききませんでした。アイダホにはほかの日本人もいたので安心しましたし、学校では友達もできたのですが、冬には父が失業し、ふたたび列車でカリフォルニアに向かいました。軍服の帰還兵であふれた列車のなか、私たちは無言で身じろぎもせず、まるで自分の国で負けた敵国人であるような気がして、絶対に日本語を話したくないという思いを強くしました。

カリフォルニアに戻ったものの、落ち着き先はなかなか見つからず、父は軍の払い下げ品のテントを買って、かつての地主さんの裏庭に張らせてもらい、通りの反対側の戦前所有していた農園をなんとか取り戻そうとしました。結局、それはかなわず、物置に残していったものすら失いましたが、幸い、近隣の町に別の農園を見つけることができました。

新しい高校では、私と妹が唯一の日系人でした。私はあまり友達もつくらず、高校ではいつも一人でいました。最上級生になったとき、授業でスピーチをすることになり、「僕もアメリカ人だ」という題でハートマウンテンについての話をしたことがあります。卒業後、２年間コミュニティ・カレッジに通った私は、朝鮮戦争が始まると、すぐに徴兵され、韓国に送られました。はたして同僚たちは、第二次大戦中に収容所に入れられ、合衆国軍に監視されていた私が監視の任務に就いたことをどう感じているのだろう、と思うと妙な気分でした。もっとも当時の私は「強制収容所《コンセントレーション・キャンプ》」という言葉すら知らず、出所後もずっと、自分たちが経験したことは法にかなっており、まして両親が敵国出身だった戦時中は、それがアメリカのやり方だったのだから仕方ない、と当たり前のことと感じていたのです。あれから私たちは大変な苦労をして、その日その日を生きてきましたが、あのころのことを口にしたくなかったのは、それが恥ずべき話題だったからです。

ある時、日系人コミュニティにやって来た日系アメリカ人女性が、収容所の違法性や、そこに送られた日系人の辛い経験について話をし、私たちは皆、この不正義に対して行動を起こすべきだと主張しました。１９７０年代のことです。当時の私には、彼女が何を言っているのかさっぱりわからず、隣にいた同世代の元収容者の耳元に口を寄せて小声でたずねました。「何を言いたいのだろう？」収容所は楽しかったのに！」と。その人も同じように思っていたようです。

その後、1981年に、私はハートマウンテン元収容者の第一回同窓会開催を支援する、あるグループに加わりました。収容所の歴史に関してのスライドを担当することになり、自分が収容所にいたということ以外、何も知らなかった私は、地元の図書館で色々なことを知るにつれ、愕然《がくぜん》としました。農園を失ったのにも、ワイオミングの収容所に送られたのにも、正当な理由などありませんでした。収容所を出てからのあの苦労は無意味だった、と初めて知ったのです。1983年に政府の委員会はこれを認め、「戦時中の民間人転住と収容に関する委員会（CWRIC）」がジミー・カーター［1924−］政権下で設立され、委員会は同年に報告書を正式に発表、その後の調査で、私たちの身に起きたことは「人種的偏見、戦時中の興奮状態、政治的指導力の誤った発露」が原因だったとの結論を出しました。政府は、正式な謝罪と1988年市民自由法［通称日系アメリカ人補償法。ロナルド・レーガン大統領が署名］が認めた、心ばかりの賠償金の支払いをもってその言葉を裏づけました。

子どものころのハートマウンテンでの生活を振り返ると、楽しかったことには違いないのですが、私の立場は180度変化しました。戦争が始まって、収容所に入れられたとき、私たちの多くには、親の出身国と戦争になったのだからやむを得ないというあきらめの気持ちがありました。収容所は当初、武装した看守や、有刺鉄線や、巨大なサーチライトを照らす見張り塔などで厳重に監視されていましたが、それはじきに緩和され、私たちはフェンスの外どころか、隣町に買い物に行く許可さえもらえたのです。また、アイススケートなどのスポーツ活動ばかりか、日本の文化行事も認められました。軍部の意向に反して歩哨が最後まで警備を続けたのは、周辺住民の要望があったからです。

収容所の日系人は、もはやマイノリティーではありませんでした。西海岸に住んでいたころは、地域社会の行事に参加することのなかった一世が、収容所ではコミュニティの行事にしっかりと関わることができ、成人向け英語教室や日本文化教室が次々とできたので、どこへでも歩いていける収容所内で、年配の人たちはその恩恵にあずかることもできました。自由と財産を奪われた痛みは次第に薄れ、一世は終戦を待ちつつ、収容所が差しだしてくれるものを享受しようと考えるようになったのです。

若い世代の人たちも、戦前に地域の学校に通っていたころはリーダーシップを発揮するチャンスはほとんどなかったのに、収容所では、気がつくとコミュニティを運営するのは自分たちです。また、アメリカ人の学生と比べると体格が小さい日系人にはスポーツで学校の代表チームのメンバーになることはかなわぬ望みでしたが、収容所にいれば本格的な試合に出場するチャンスが与えられます。

つまり、確かにハートマウンテンは我々にある種のチャンスを与えてくれる場所だったのです。ようするに、あれこそアメリカ風の強制収容所でした。それが、ユダヤ人などを収容し、飢えと処刑が日常的だったヨーロッパの強制収容所と違うところです。私たちは今でこそ日系アメリカ人の強制収容の不当性を十分理解していますが、第二次大戦に対するとらえ方や政治的な意見は、あのころと今とは違います。市民権の侵害は、当時のアメリカでは普通に行なわれていました。それが誤りだと認められるようになったのは、40年経ってからです。

収容所は楽しかったと、当時の子どもやティーンエージャーなら言うこともできるでしょう。私を含め子どもは、仕事も、家も、事業も、財産も失わなかったからです。人生を賭けた仕事や財産を失い、景気がよくなればなったで、社会に受け入れられるために必死の努力をしなくてはならなかったのは、私たちの両親の世代です。強制収容所に入れられたことが、私たち子世代には良かったなどと言うつもりは毛頭ありませんが、あの状況が不当に強制されたものであったにせよ、私たちはそれを受け入れ、与えられた状況のなかで精いっぱいやるしかなかったのです。

アベニューＥからハートマウンテンの方角をのぞむ。赤い屋根の明るい色の建物が高校。

人々の注目を集めるボーイスカウトの行進

ボーイスカウトの楽器の番をする二人の少年

星条旗とボーイスカウトの隊旗を掲げて高校の前を通過する少年たち

ボーイスカウトの少年。うしろに見えるのはマーチングバンドを率いる女性隊長。

収容所の東側に迫るマカロー峰

父親のレーシングカーの模型を前に軍服姿でポーズをとるビリー

部屋の入口の前に腰かけて、レーシングカーの模型を手にするマンボ（左）と友人。
マンボはセロテックス［木粉などを固めた建材］製の壁材と廃材で、ドアの前に屋根付きの小さなポーチをつくった。
左の外壁には、フランス語の綴りで MANBEAUX と苗字が書いてある。

収容所の居住区域から約１マイル離れたショショーニ川に家族で出かけたときの一枚

メアリー

収容所の中のカメラ

ビル・マンボの写真にみるヴァナキュラーな写真の力

ジャスミン・アリンダー

スナップ写真は、私たちがまわりに広がる世界を理解するうえで、なくてはならないものである。……私たちが周囲の環境を把握し、置かれた状況の特殊性と折り合いをつけていく際の、個人的かつ共有の過去をなすものであり、欠くことのできない細部と実態を持つ存在なのである。

パトリシア・ホーランド[1]

手のひらを下に向け、指先をピンと伸ばして羽のように腕を広げた盆踊りの踊り手たちは、拍子をとりながら踊りの輪に入り、目を伏せたまま一歩を踏みだす。ビル・マンボが撮影した47ページの写真の、ハートマウンテン転住《リロケーション》センターの踊り手たちの着物のなんと色鮮やかなことか。美しい着物に朱色の帯が映える女性の左側には、ライスクリスピーの空箱でできた胴と、紙のヒダが特徴的なよろいで全身を飾りたてた男がいる。彼らの楽しげな動きは、背後のバラック小屋の板壁と黒いタール紙が交互に織りなす暗くくすんだ縞模様と対照的だ。秩序が支配する、人も物もまばらな収容所を背景に、祭りの参加者は色とりどりの衣装で、いきいきとお祭り気分を楽しんでいる。番号で識別された日系人が、アメリカ市民としての正当性に劣らず大切にしていたのが先祖の存在だった。その彼らがここで、祖先をしのぶ踊りを実に楽しそうに踊っている。

この写真は、強制収容所内でのカメラの使用や、盆踊りのような日本の文化行事の開催に関する興味深い疑問を提起している。第二次世界大戦中の日系アメリカ人の強制収容では、写真を使った収容者の表現の自由が論争の対象となった。[2]そもそもカメラは抑圧の対象であり、政府と軍部は、カメラを銃、爆弾、弾薬と並ぶ戦争の武器の一つとみなし、日系人を対象とした強制収容を進めたときには、カメラを、ほかの禁制品とともに強制的に取り上げた。また、真珠湾攻撃後、FBIが日系人の一斉捜索や一斉検挙を行なったときには、一部の日系人は日本的とみなされる可能性のある工芸品や写真を破棄していた。マンボの義父は日本語学校と関係があったため、FBIに拘束され、一家がふたたび揃ったのは収容所でのことだった。[3]

1942年3月、民間機関として戦時転住局（WRA）が発足し、収容所の管轄は軍からWRAに漸次、移行した。ニューディール派の職員が揃うWRAは、日系アメリカ人を敵国人ではなく、忠実で協力的な存在として描くカメラマンを雇い入れた。[4] WRAのお抱えカメラマンは多くの写真を撮影したが（大部分は白黒）、収容者自身が収容所内部の日常生活を撮影したヴァナキュラーな写真［家族写真や遺影のような、芸術や美術とは無関係とされてきた無名の職業作家や素人の手による写真］はほとんど残っていない。強制収容所にカメラを持ちこむことは禁じられていたからだ。まれにスナップ写真やホームムービーなどが残っていることはあり、一時休暇中の兵士が有刺鉄線の中にいる家族に、カメラを持ち帰ることも多かった。南カリフォルニアのマンザナー収容所には写真撮影用のスタジオがあり、収容所の多くも写真入りの新聞や卒業アルバムを発行していた。しかし、私が知るかぎり、マンボが撮影したカラー写真ほどの、まとまった秘蔵品はほかにない。

ハートマウンテン収容所では、いったいなぜ、収監している日系アメリカ人の撮影を許可したのだろう？　アメリカ国立公文書記録管理局（NARA）に保存されている文書から、WRAの職員が、カメラを全面的に禁止したのではなく、禁制品としてのカメラの位置づけについて議論していたことがわかっている。[5] WRAの職員のなかには、収容されているといえども、西部防衛軍（WDC）［1941年に米陸軍が戦略的に合衆国を四分割し、WDCはそのうち西部9州の軍部や軍施設を管理した］の域外にいるかぎり、カメラの使用権は当然認められるべきだと考える者もいた。当時のWRA長官だったディロン・マイヤー［1891－1982］に宛てて、地域担当責任者のジョセフ・スマートは１９４２年10月26日付の手紙にこう書いている。

「本地域の要綱案にはカメラが禁制品であるという記述がないことにお気づきになると存じます。この件につきましては収容所長らとのあいだで慎重な討議を行なった結果、我々といたしましては、本収容所計画では収容者のカメラの所有および使用を認めるべきであると考える次第です。収容所を離れる許可を受けた強制退去者は、外部の人間や保安官とのあいだに問題が生じる可能性もあるため、カメラの使用を控えることが望ましいわけですが、私には、我々にそれを禁じる権限があるという確証はありません。本件について、先日、コロラド州デンバーのジョン・ベイカー氏と検討を行ないました。同氏は強制退去者に写真撮影を許可することを望ましくないとお考えですが、私といたしましては、同氏の見解が当局の見解とならないことを切に願う次第です」[6]

次に、スマートは収容所内でのカメラ所持を許可する理由をいくつか挙げ、さらに、日系人が「軍事的な目的」のためにカメラを使用するという懸念を一蹴した。その根拠として、彼は、日系人にも自分たちの生活、「特に子どもたちの普段の様子を記録するため」に写真を撮影する権利があるとしている。スマートがここで論じているのは家族のスナップ写真の撮影権だ。

写真や撮影権の議論は、多くの場合、犯罪、死亡、拷問の証拠となる記録を含む画像についての問題に集中する。しかし、強制収容当時、日系人収容者の3分の2は米国生まれのアメリカ国民だった。カメラ所持の権利の否定は、彼らが失った多くの権利の一部であり、そのなかには、憲法で保障された権利もあれば（適正な手続きを経ない投獄）、（写真で）表現する権利のような日常的な権利（カメラを禁制品とすること）もあった。これを一部回復しようとする議論は、収容所の中にいても、日々の出来事を記憶にとどめておきたいという欲求に根差したものであり、苦痛に満ちた収容生活を記録したいからではなかった。アリエラ・アズーレ［１９６２－。イスラエル生まれの映画製作者、評論家］は『写真の市民契約論（*The Civil Contract of Photogrphy*）』で、「写真を通して市民になるとはすなわち、写真撮影という手段を使って、個人もしくはそれを奪われてしまった人の市民権を回復しようとすることだ」と論じている。[7] 誕生会やスポーツイベントを撮影するという行為が凡庸であれ、こうした日々のスナップ写真こそ正常な自意識を形成するうえで重要なのである。

スマートは、カメラが膨大な余暇を持てあます日系人収容者に、建設的な時間の使い道を与えることも理由に挙げている。マンボはまさにスマートが想定していたような人物だったと思われる。彼はカメラを趣味とする素人カメラマンであり、そのレンズを通して描かれているのはハートマウンテンでの彼の経験だ。カメラの使用が許可されたチャンスを利用して、マンボが、息子の成長や収容所内の行事を数多く撮影するようになったばかりか、写真の構図にも目を向けるようになったのは明らかだ。ヴァナキュラーな写真という意味で、彼のレンズは、虹や日没の美しさ、家族や祭りのようなありふれた題材に向かうことが多かった。しかし、写真に写りこむバラック小屋や有刺鉄線や監視塔は、嫌でも目に飛びこんでくる。それゆえ、本来の喜び、遊び、美しさが、いったいどれほど抑制されてしまったことだろう。

禁制品が何品目か解禁になったというニュースは、収容所内で発行されていた新聞を通じて日系人のあいだに広まった。[8] 1943年には、WDC域外の各地の収容所の新聞が「防衛軍、禁制品を解除」「禁制品の規制緩和」といった記事を1面に掲載している。[9] 禁制品指定から解除されるといっても、対象品が元の所有者に返還されただけのことで、その所有者はアメリカ兵、WDCの域外に暮らすアメリカ市民、あるいはWDCが所持を認めた市民のいずれかでなくてはならなかった。その上、カリフォルニア州の倉庫に保管されていたこれらの品物の返還請求には、市民権や出生証明書ばかりか、品物の受取証に添付するさまざまな用紙の記入が必要で、手続きは煩雑だった。カメラは一世にはその後も禁制品のままだったが、アリゾナ版の『デンソン・トリビューン』紙によれば、「長波ラジオ」は許可された。[10]

1943年4月3日発行の『ハートマウンテン・センティネル』紙の8面には、「カメラの申請引き続き受付中」とある。禁制品に関する新方針の報道は4月3日より前だったが、強制退去者所有財産管理局のほうで、申請用紙がなくなってしまったらしい。おそらくマンボにとって、規制緩和は喜ぶべき、重大なニュースだったろう。実際、ハートマウンテンでは、多くの日系人が保管されていたカメラを取り戻し、写真クラブを結成した。カリフォルニア州アナハイム公共図書館収蔵の一枚の写真には10人の男性と3人の少年（撮影者を入れて男性11人）

1944 年春に撮影されたハートマウンテン写真クラブの面々
（アナハイム公共図書館蔵ヒラハラ家コレクション）

が写っており、一様に、カメラを手にするか、あるいはストラップで首からぶら下げている。[11] この写真愛好家たちは、有刺鉄線で仕切られた収容所の境界の外側でポーズをとっており、背景にはハートマウンテンがはっきり見える。ご子息によれば、マンボもこのクラブの会員で、一番左端に写っているのがマンボである。[12]

マンボをはじめ、ハートマウンテン写真クラブの会員のような二世が自分のカメラの使用を許可されるようになるまでは、すべての収容所がプロの報道写真家の被写体でしかなかった。1943年1月には『ライフ』誌の著名な二人のカメラマン、ハンセル・ミース［1909－98］とオットー・ヘイゲル［1909－73］がハートマウンテン収容所で2週間におよぶ撮影を行なっている。『ハートマウンテン・センティネル』紙によれば、これは1942年9月に『ライフ』誌の別のカメラマンが行なった取材の二次調査である。ミースとヘイゲルがハートマウンテンを撮影した同じ月に、WRAから任務を受けたトム・パーカー［1907－76］も収容所のいたるところにカメラを持ちこみ、同年の初秋には、『ハートマウンテン・センティネル』紙の編集者ビル・ホソカワ［1916－2007］を、その妻や子どもとともに、二世一家のモデルとして撮っている。

1943年の秋にはWRAの二人目のカメラマンがハートマウンテンにやって来た。フルタイムで雇用された唯一の日系二世カメラマン、ヒカル・カール・イワサキ［1923－］である。彼はもともと暗室技術者として雇用されたが、その後カメラマンに昇進し、1946年までその地位にいた。[13] 彼が撮影した一枚が、ハートマウンテン収容所の若者のダンス風景である。盆踊りとは違う、二人ひと組となった男女の洋装は、アメリカの高校のダンスパーティーを思わせる。キャプションには「ダンスはハートマウンテン転住センターの主要な娯楽の一つ。大勢が高校の体育館でのダンスパーティーに招待された」とある。イワサキはWRAのカメラマンとして、日系人が再定住していた、WDC管轄外のほかの収容所や町にも取材に訪れた。その写真の多くは、ほかのWRAカメラマンが撮影したものと類似しており、遊びや仕事中の楽天的な二世の姿を繰り返し取り上げている。今回の調査では、イワサキが撮った盆踊りの写真は見つからなかったが、彼は収容所内でつくられた日本的な愛らしい手仕事の写真を何枚か残しており、そのなかには、木を削った精巧なつくりの「下駄」を写したものもあった。[14]

WRA のカメラマン、ヒカル・カール・イワサキが 1943 年秋に撮影した、ハートマウンテンの高校の体育館でのダンス風景
(NARA, 210 - G - 200)

ジョー・マクレランド［WRAの書記官］もコロラド州アマチ収容所［グラナダ収容所の別名］で行なわれた盆踊りの様子を記録しており、NARAのデジタル画像のコレクションに、彼が1943年8月に撮影した数枚がある。短いキャプションによれば、グラナダ収容所の1000人以上の日系アメリカ人が、グラナダ仏教会が後援する祭りに参加したとある。[15]しかし、これら白黒写真からは、どこか冷ややかで、よそよそしい印象を受け、マンボの写真の躍動感や歓喜は微塵も感じられない。この二種類の写真を比較してみると、典型的な記録写真と、ヴァナキュラーなスナップ写真との違いが明らかになる。WRAの写真は白黒で、カメラマンと被写体に距離があり、被写体がカメラを意識したパフォーマンスをしているようには見えない。一方で、マンボは踊り手との距離がより近く、カメラのフレームが傾いているせいで、写真に動きや、くだけた感じが生まれている。47ページの写真中央の着物姿の女性はカメラのほうを見ていないが、レンズを通して彼女の優しい笑顔が伝わってくる。マンボが彼女から数歩しか離れていないところにいたとすれば、マンボのカメラに気づかなかったとは考えられず、女性の表情も、至近距離から撮影するマンボを容認しているように思える。

　もう一つの大きな違いは、WRAが重視した写真のキャプションにある。WRAの写真部門は情報部門の傘下にあり、カメラマンが撮影した写真をデンバーの中央事務局に提出すると、カメラマンからのメモをもとに速記者が「簡潔かつ、写真の物語的価値、誘因効果という報道基準を満たす」キャプションを付けた。[16]だが、キャプションはその短い指示が示唆する以上に、政府・軍部と収容者との協調関係や、日系人に対する穏便な処遇を強調するように誘導するものだった。マクレランドの盆踊りの写真にも、アメリカ的な行事の場である野球場のグラウンドで日本の伝統行事を行なった、というキャプションが付されている。そのテキストは、時に写真そのものを超える内容を持つのだった。[17]

　これに対して、マンボの写真にキャプションはない。そもそも、彼の写真はスライド形式で、スナップショットなら写真の裏に走り書きがされたり、物語的なつながりを示唆するアルバムに収められることもあるが、スライドにはいかなるテキストも書きこまれない。スライドの「キャプション」は、スライドショーの最中に、スライド一枚ごとに口頭でなされる。マンボのご子息は父親が友人たちにスライドを見せていたのを覚えているが、1950年代半ば以降は、両親が戦時中の話をしていた記憶がないという。[18]マンボの解説がなければ、カメラマンとしての彼の意図を確実に理解することは難しい。しかし、視覚文化においては、製作者がはっきりとした方向性を示さぬままに作品が制作されることも多く、作家がその意図を記録している場合ですら、作品には複数の価値があり、作者だけがその意味を語る人間とは限らない。マンボは自分の写真を説明する日記やメモのようなものは残さなかったかもしれないが、だからといって彼の写真が理解不能というわけではない。マンボがヴァナキュラーな写真の親しみやすい、視覚的なレトリックにこだわったことが、ある意味では、彼が自分の写真に付けたた「キャプション」なのである。ポーズ、題材、構成に従来の手法を繰り返すことが、写真を見る者に、その背景をわかりやすくする。ほかの強制収容の写真や保存文書と比較しながら読み解いていくことによって、その全体像が見えてくるはずだ。

WRAカメラマンとマンボの盆踊りの写真を並べてみると、当時の日系アメリカ人が日本の文化行事を行なう際の緊張感も伝わってくる。日系二世のアイデンティティの中核――アメリカに生まれたことと、先祖が日本人であること――をなす二つの要素は互いに相いれないものだと、大規模強制収容を支持した多くの人々はみなした。『ロサンゼルス・タイムズ』紙は社説でその考えを、「マムシの子がマムシであるように、日系人は日本人なのである。親が日本人ならば、子どももアメリカ人ではなく日本人になるのだ」と強調した。[19]同様に、ある軍部の強制収容支持者は、日系人は「まったく同化しない集団として機能し、自分たちに固有の文化や伝統の多くを守りつづけている」と論じ、[20]『クリスチャン・サイエンス・モニター』紙のある記者は、日系人とは「合衆国に対する忠誠心が十分に確立されていない民族の一員」であると主張した。[21]アメリカ人と日本人の線引きが、アメリカに対して忠実かどうかの線引きと重なったのである。ある日系人は不満げにこう書いている。

「アメリカ人なのに、顔は日本人の私は、いったいどうすればいいのだろう?」[22]

マンボの踊りをはじめとする写真には、見る者が日本的もしくはアメリカ的な文化的含意と考えるであろうさまざまな活動があるが、その両方が同時に登場

WRAのカメラマン、ジョー・マクレランド撮影。キャプションには「1943年8月14日、コロラド州アマチのグラナダ転住センターにてグラナダ仏教会が開催した盆踊りに約1000人が参加した。踊りは夜、野球場のグラウンドで行なわれた」とある。
（NARA, 210 - G - E621）

することはほとんどない。つまり、二つの文化の融合を明確に示す写真はあまりない。トム・パーカーが、ハートマウンテン収容所のバラックに住む一人の男性を撮影した際、そのキャプション作成者は、和風の室内装飾の説明の必要を感じたらしく、「廃材を使って東洋風にしつらえなおした、収容所のバラック小屋の室内にたたずむ、M・イマフジ」と書いた。写真のイマフジは、子どものころの記憶をもとに再現した内装に満足な様子だが、彼のアメリカへの貢献は、彼がアメリカ在郷軍人会の会員であり、またアメリカ遠征軍（AEF）に従軍していたことからもうかがえる。[23]この写真とキャプションによって、WRAは「敵国日本」と「日系人」の結びつきを断ち切り、代わりに、日本的文化の実践もアメリカ人としての愛国的なアイデンティティになりうる空間をつくりあげようとした。

　収容所では、高校のダンスパーティーをはじめとするアメリカ文化の実践が奨励される一方で、日本の文化行事も盛んに行なわれていた。マンボはその両方を撮影し、星条旗を掲げるボーイスカウトの制服姿のリーダーや、そのうしろに見える白いミニスカートに白いブーツをはいたマーチングバンドの女性隊長という合衆国のイコノグラフィー〔図像学〕にあふれるパレードをとらえたかと思えば（63ページ）、またある時には、相撲の取組を数ショット撮っている。二人の相撲取りの笑顔が、背後で取組を見ている見物人の顔にまで伝染するような、のんびりとした心温まるひと時をとらえた一枚もある（98ページ）。エリック・L・ミューラーによれば、WRAは、軍部なら非アメリカ的とみなす可能性のある、一種の文化多元主義を容認した。彼はこう書いている。

　「軍部と民間機関のあいだで、アメリカ国家の一員となる前提条件として、どこまで表面的な『アメリカ』文化を実践させるのか、どこまで抑圧を甘受させるのかについて意見が分かれた。……戦時中の官僚のなかにわずかでも、文化的差異を容認し、意見の違いを認める余地を残すという、アメリカ的精神を持ちつづける努力をした人たちがいたことは特筆に値する。文化的多元主義や寛容なアメリカ的精神の扉は、戦前・戦中と固く閉ざされていたと長年考えられてきたが、この事実によれば、少なくとも少しは開いていたのである」[24]

　確かに扉は開いていた。しかし、WRAがアメリカ文化と日本文化に同等の支援を行なっていたというわけではない。

アリゾナ州ヒラリバー収容所で発行されていた『ヒラ・ニュース・クーリエ』紙の記事によると、WRAは日本文化発現の支援をほとんどすることができなかったことについて次のように説明している。

「政治色のない日本的な遊び、スポーツ、文化行事に収容者が自発的に参加することになんら制約はなかったが、WRAはこうした活動に十分な援助を行なうことができなかった」

この支援とは行事ごとの講師の謝礼程度のことだった。これに対して、アメリカ的な文化活動なら、WRAからもっと大きな支援を受けることができた。同紙の記事にあるように、これは「収容者にアメリカの生活における平時の地位を回

1943年8月、WRAのカメラマン、トム・パーカー撮影
ハートマウンテンのバラック小屋で過ごす日系アメリカ人

復させるという（WRAの）主たる目的と一致していた」[25]。興味深いことに、この記事は350人の踊り手の参加が見こまれるという収容所の盆踊りの告知の真下に掲載されている。

あらためてマンボが撮影した47ページの盆踊りの写真を見てみると、踊り手の衣装を飾るシリアルの箱に、日米の文化共存がおそらく一番よく表れているのではないだろうか。踊り手の胸の部分の空箱に「ライスクリスピー」という言葉が3回も繰り返されているのが、日本の食事における米食の重要性とあいまってなんとも皮肉だ。ジュリー・オーツカ［1962－。日系三世］の小説『天皇が神だったころ』には、強制退去前夜の日系人家庭のこのような文化の混在が美しく描かれている。その日、「彼女」として小説に登場する人物は、ジャン＝フランソワ・ミレーの「落穂拾い」の複製画を壁からはずし、梅干を入れたおにぎりを食べながら、エンリコ・カルーソー［1873－1921。イタリアのテノール歌手］をラジオで聴き、それから飼い犬に最後の餌をやって、収容所に行く準備をする[26]。日常生活における美術、音楽、食べ物を通じて、「彼女」はある種の文化的融合を身をもって示している。それは強制退去命令の背後にあった「東洋と西洋は相いれない」という思いこみを否定するものだ。

ディヴィット・ヨー［1974－。アメリカの小説家］が書いているように、「二世は、日常生活で多くの領域を移動し、複数の属性を持つ。つまり、本当の自分が日本人であるとか、アメリカ人であるとか無理に主張するのはあまり意味がない。二世が自分たちの時代に七転八倒しながら、いかに自我形成の困難を乗り越えたかと問うことが……最も根本的な問題なのだ」[27]。ハートマウンテン収容所で七転八倒しながら、マンボはカメラという手段で家族意識や共同体意識だけでなく、観察者としての自己を構築した。マンボの写真家としての眼差しはハートマウンテン収容所内のさまざまな活動や光景に枠組みを与え、そこから彼は一つの体験を生みだした。その体験を彼は屈辱的で、無力感に満ち、このうえなく不公平なものとして描いた。カメラは、マンボが自らの自主性とともに市民権まで否定された世界を掌握するために使った道具なのだ。市民権を主張するマンボの手段がカメラだとすれば、ほかの二世もほかの道具を使って同様の主張をした。その一例が、憲法上の権利の取り消しに抗議して軍隊に志願することだ。マンボのレンズはこうした政治的な市民権運動にはかなり距離を置いており、ハートマウンテン収容所の意義に関する論議を支配していたもの――フェアプレイ委員会や忠誠心調査への抵抗運動――の記録は残していない。[28]

ハートマウンテン収容所内の文化行事のほかに、マンボはレンズを通じて愛情のこもった眼差しを息子に向けている。ビリーの写真は、時代に関係なく、すべての子どもの写真が持つ、胸を打つ感動に満ちている。それらはビリーが自ら切り開き、父親が深い愛情をそそいだ、彼の子ども時代の証なのだ。写真はビリーが遊んでいる場面が多い。自分の背丈ほどもある大きな飛行機模型の前にかがみこむ幼いビリーは、飛行機遊びにぴったりの革の飛行帽とジャケットを着ている（91ページ）[29]。特に愛らしいのは、ビリーが片足を伸ばし、もう片方は曲げて、ハートマウンテンの荒地の上に座りこみ、おはじきのような宝物を見つめている一枚だ。遊び相手の少年は向かい合って座り、ビリーはしゃれた感じで軍の略帽を斜めにかぶっている（93ページ）。

ロラン・バルト［1915－80。フランスの哲学者・批評家］は『明るい部屋――写真についての覚書』（1980年）のなかで、さまざまな写真について語っているが、彼個人に最も影響を与えた写真とは、自分の母親が子どもだったころのスナップ写真なのだという。亡くなった母親を思い出すよすがとして写真を見ていたバルトは、5歳のころの母親を撮った一枚の写真から目を離せなくなったときのことをこう書いている。

「このときばかりは写真がまるで記憶と同じくらい確かな感情をもたらした……〈温室の写真〉はまさしく本質そのものだった。つまりその写真は私にとって……唯一の存在についてのありえない科学［ロラン・バルトは普遍的学問に対して個別学が存在しないことを指し、それを「ありえない科学」と呼んでいるものと思われる］を実現したものだった」[30]

温室の写真は、バルトが広告や写真ジャーナリズムに対して行なっている分析的な解釈とまったく異質の情緒反応を引き起こした。その反応こそ、これらの日常の写真が持つ力の証左である。子どもや家族のヴァナキュラーな写真は本人の代わりとして作用することがあり、それ自体が単なる被写体ではなく、長年にわたる人間関係を象徴するものになる。子どもの写真はありふれたものかもしれないが、それを見る者には写真の上に積み重ねられた時間と未来への連想が強い感動を呼び起こすのだ。どこまでもノスタルジックでありながら、息子の写真から読みとれるマンボの息子への愛着は複雑な色合いを帯びている。それは、「強制収容所で過ごしたビリーの幼年期」には不正義を象徴するバラック小屋や有刺鉄線などのイコノグラフィーが写りこんでいるせいだろう。

カリフォルニア大学ロサンゼルス校（UCLA）に保管されているマンザナー収容所の文書記録に、収容所でカメラを使えなかったことを嘆く、ある二世の母親の話がある。彼女は、自分たちの送ったひどい生活を記録したかったわけでなく、一人娘の成長を残したかっただけなのに、マンザナー収容所はWDCの域内だったため、マンボに認められたカメラの使用が、その母親には認められなかったのだ。彼女はこう書いている。

「ここにいるあいだに子どもたちは毎日どんどん大きくなる。過ぎてしまった子ども時代は決して取り戻せない。子どもの成長の思い出さえ残らないなんて、不公平にもほどがある。その時々のスナップ写真の一枚でいいのに。『強制収容所』の写真だって、ないよりましだ」[31]

多くの日系人の家族アルバムには埋められないページがたくさんある。野球の試合、高校卒業のダンスパーティー、結婚式の写真などで埋まるべきページのほとんどが白紙のままだ。ビル・マンボの写真のおかげで、私たちはこれらの空白のページを、家族写真や、子どもの遊ぶ姿や日常の風景で、今ここに埋めることができ、生活のなかで写真が自己表現に果たす役割の大きさをあらためて認識できる。[32]

ビリーが遊ぶ光景からは、収容所には場違いな普通の日常が見える。それは、幼少期の子どもにふさわしい環境をなんとか守ろうと苦労する、親が見つめたものだ。ハートマウンテンでアイススケートが滑れるようになったビリーが、だぶだぶの手袋をはめ、毛糸の軍用帽をかぶり、ダブルブレードのスケート靴をはいて誇らしげに滑っている姿を父親は撮影している（132ページ）。少し暖かくなると、ビルは息子を収容所のはずれに連れていき、有刺鉄線の前に立たせた。クローズアップのこの写真で、ビリーは片足を針金の上にのせ、小さな手は、有刺鉄線の刺のあいだのワイヤー部をつかんでいる。かすかにほほえむビリーのうしろに、ぼんやりとバラック小屋の長い列が見える（124ページ）。別の一枚では、カメラマンがややうしろに下がり、ビリーはフェンスに両足をのせ、その背後には見渡すかぎりのバラック小屋が続いている（125ページ）。舗装していない広大な道路にはわずかな歩行者の姿と数台の車が見え、ビリーの左側には黄色い消火栓がある。

　有刺鉄線のうしろに立つビリーの写真は、宮武東洋［1895－1979。日系一世カメラマン］の有名な写真との、格好の比較対象である。マンザナー収容所の有刺鉄線を前に立つ3人の少年を撮った宮武の写真には、ビューカメラ［レール上の前後フレームを蛇腹でつないだカメラ］を使用するプロカメラマンに欠かせない入念な構図のセンスが感じられる。これに対して、マンボが使っていたのは、当時アンセル・アダムズ［1902－84。アメリカ人写真家］も所有し、高い評価を受けていた持ち運びしやすいが、プロ向けではない［ドイツの］ツァイス・イコン社のコンタックス35ミリカメラだった。そのせいか、マンボの日常的な視点に比べると、宮武のほうが写真の利点が計算しつくされている。宮武のレンズは不公平な収容への共感を伝えようとするかのように少年たちの目線より下にあり、有刺鉄線を後退させることによってつくりだした斜めの構図が、見る者の視線を少年たちから監視塔へ、そして背後の山々へ、と画面の奥に誘導する。マンボのショットは宮武より直截なアプローチをとり、フェンスや息子との位置関係において正面性が強調されている。ビリーの表情やまっすぐにカメラを見返す眼差しのせいで、写真はメタファーというよりもむしろポートレートになっている。宮武の被写体はカメラのレンズと視線を合わさず、カメラの存在に気づいていないかのようであり、強制収容所の向こう側にあるものを見つめる彼らの目つきが、象徴的に不正義を伝える役目を果たしている。一方で、マンボの写真に写る有刺鉄線も、ハートマウンテンの非難すべき象徴である。『ハートマウンテン・センティネル』紙によると、有刺鉄線と監視塔の撤去を求めて3000人分の署名を集めた嘆願書を、収容者たちがWRAの長官ディロン・マイヤー宛てに提出したとある。訴えの理由は収容所における自由の欠如とフェンスが醸しだす「不信感」だった。[33] 嘆願書に署名したのは一世と二世で、WRAが収容者を囚人ではないとしながら、有刺鉄線や監視塔を設けることに対する矛盾に異議を唱えた。

　マンボの写真のようなヴァナキュラーな写真は、どこにでもあるものだが、社会的記録や芸術作品のように、なんらかの意図のもとに撮影された写真と同レベルの学術的関心の対象にはなってこなかった。しかし、この10年ほどのあいだに、美術館、美術史家ばかりか芸術家も、ヴァナキュラーな写真に関心を寄せるようになり、スナップ写真の重要性が広く考えられるようになった。[34] ビル・マンボの作品は私たちにアメリカのある強制収容所内部で撮影されたヴァナキュラーな写真の重要性を検証する機会を与えてくれた。これまで私を含む学者たちは収容所の記録を任務とするプロカメラマンの作品に幅広い論評を行なってきたが、その間、マンボの写真はご子息の家の箱にしまいこまれ、スライドとしてひっそりと眠っていた。マンボの作品、そしてヴァナキュラーな写真全般の魅力とは、写真がジャンルを超えた影響力を持つ点にある。マンボの写真には、ドロシア・ラング「1885–1965。アメリカの報道写真家」のスタイルを特徴づけるようなあからさまな社会的・政治的衝動や、アンセル・アダムズによるマンザナー収容所の写真のようなプロパガンダ的意図もみられない。宮武東洋が撮影した私的な記念写真ですら、プロの肖像カメラマンの距離感が感じられるが、ビル・マンボの写真は、それらとはまったく趣を異にするものである。

マンボのカメラ

　つまり、彼の写真はもっと慣れ親んだもののような気がするのだ。なぜなら、私たち誰もが、子ども時代や、家族の祝いごとなどの写真を家族のアルバムの中に持っているからである。その凡庸さとは裏腹に、ヴァナキュラーな写真には有無をいわさぬ力がある。それは、（大きな意味での家族における）自己表現が基本的な権利として、写真の中に表明されているからだ。そして、この権利こそ、WDC域外の収容所における禁制品緩和の要求を行なった際に、WRAの地域責任者だったジョセフ・スマートが強調した、写真で表現する権利なのである。「誰であれその人生を写真で記録する権利を認められるべきだ」というスマートの主張がなければ、カメラがマンボの手に戻ることはなかっただろう。我々の次なる課題は、ほかの収容所にいったいどれほどの「マンボ」がいたのか、また、その写真がいったいどこにあるか、である。

1944年に有刺鉄線のフェンスのそばに立つ3人の少年たちを撮った宮武東洋の写真（宮武東洋コレクションより）

パイロット姿でアイスクリームを食べるビリー

飛行機の模型で遊ぶビリー

ビリー（左）と友達

おはじきで遊ぶビリー（ガロッシュというゴム製のオーバーシューズをはいている）と友達

夕暮れ時の北西の端に位置する居住区域

急ごしらえのチームで野球の試合

— 仮設の土俵の屋根をつくる参加者

| 観客の見守るなか、取組をする二人の男性

取組中の心和む瞬間

一 相撲の表彰式

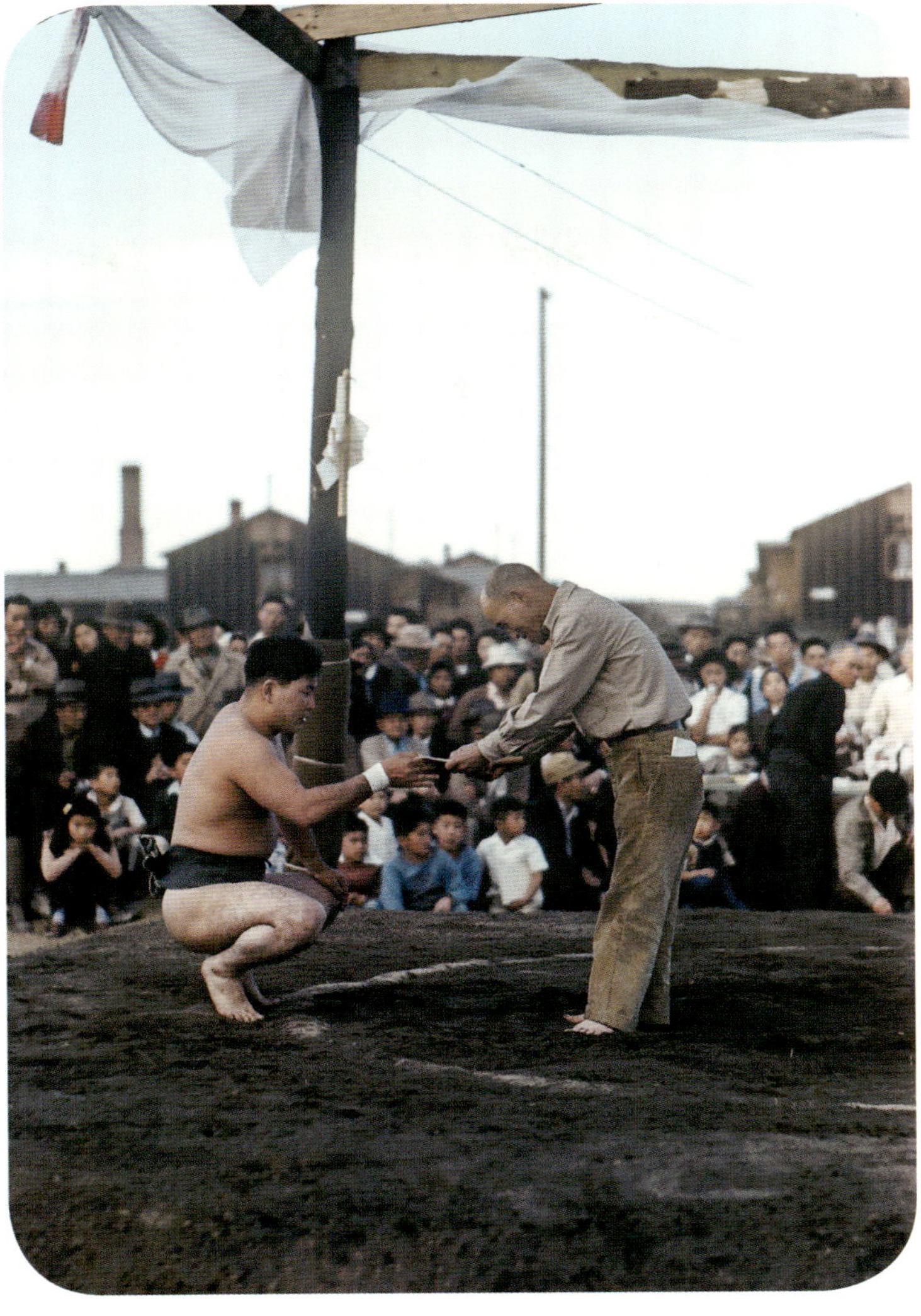

ビリーとジュンゾウとリヨ

尾根を歩く４人の大人と１人の子ども

3 人の友人と（名前は不明）。遠くを指さすメアリーと、岩の上にしゃがむビリー。

メアリーとビリー。遠くのビッグホーン山脈をのぞむ岩山から収容所を見渡す。

日系アメリカ人研究に開く新しい扉

ロン・クラシゲ

1944年、ワイオミング州の小さな町に住むアラン・シンプソンという少年は「日本人」が怖かった。日本人は町の近くに突如として現れた。少年だったシンプソンが覚えているのは、日本人が数えきれないほど大勢いたこと、そして有刺鉄線と警備兵に囲まれた収容所の中で暮らしていたことだ。シンプソン少年の所属するボーイスカウトは、その収容所――ハートマウンテン強制収容所――に新しく来た日系人入所者を慰問することになった。それを聞かされた当時12歳のシンプソン少年は、恐ろしさに息が止まりそうになった。

「行きたくないよ、みんな殺されちゃうかもしれないのに」[1]

当時、アメリカ人の大半は、11万人を超える日系人を収容するのは、彼らが国の安全を脅かすからだと信じており、シンプソン少年もその一人だった。今日では、書籍、映画、インターネットのサイト、博物館の展示などが、この考えが間違いであり、アメリカの民主国家としての歴史に汚点を残したことを、次々と証明している。その一方で、日系人収容者の窮状を知るようになったアメリカ人が、どのようにして日系人に同情的な見方を育んでいったかについてはほとんど注目されない。これこそ、気の進まぬままにハートマウンテン収容所を慰問したシンプソン少年の身に起こったことだった。彼自身が驚いたことに、彼はそこで一人の友人を得た。そして彼は、その友人によって、後年、アメリカという国家による最悪の市民権侵害を正したいという生涯の思いを抱くにいたる。

シンプソン少年がハートマウンテン収容所で友達になったのは、ノーマン・ミネタという少年だった。30数年後、二人はワシントンの連邦議会で議会議員として再会する。シンプソンは保守的なワイオミング州選出の共和党議員に、ミネタはリベラルなカリフォルニア州選出の民主党議員になっていた。二人は、日系人の強制収容に対して謝罪し、生存者への賠償金の支払いを求める「賠償請求法案」成立の超党派支持者となり、法案を勝ちとったあとも、強制収容の過ちに光をあてる歩みを止めることはなかった。引退後、二人は友情の始まりの場所、ハートマウンテン収容所跡に戻り、記念施設の設立に着手した。

この小文は、シンプソン少年とミネタ少年が育んだ有意義で末永い友情を可能にした、ハートマウンテンの当時の状況を踏まえながら、本書で紹介されているビル・マンボの写真を検証するものだ。マンボの写真は、二人の少年の友情のように、強制収容体験の予期せぬ光景を見せてくれる。その光景を可能にしたのは、1942年3月から徐々に日系人の大規模強制収容に対する責任を軍部から引き継いだ、設立当初は連邦政府機関だった戦時転住局（WRA）が内包していた、矛盾する特徴である。WRAの収容所は迫害の場であったかもしれないが、その運営者は必ずしも迫害者ではなかった。実際、ケヴィン・レオナード［ウェスタンワシントン大学史学部教授］はWRAの役割を、いわば20世紀における奴隷制度廃止主義とみなして擁護している。「解放民局［1865年に連邦政府が元奴隷の保護と自立を目的に設立した機関］ですら、人種関係改善のためにこれほど力をそそいだことはなかった」からである。[2] したがって、マンボの写真の持つ意義とは、その鮮やかな色彩だけでなく、強制収容の専門家が、日系人の保護者兼看守としてのWRAの奇妙な役割を理解するうえで必要な、さまざまな陰影を映す点にあるのである。

「強制収容所」の向こうに

第二次世界大戦中に日系アメリカ人が収容されていた場所の呼称を「強制《コンセント》収容所《レーション・キャンプ》」とするのか、それとも、もっと穏やかなWRAの公式名称「転住《リロケーション》センター」とするのかについて、70年代から90年代にかけて、国民的な議論があった。アリス・ヤン・マレー［カリフォルニア大学サンタクルーズ校史学部准教授］によれば、「強制収容所」という言葉が強く推されたのは、この言葉の持つ衝撃的な効果が理由だった。つまり、この言葉は、適切に収容所を言い表しているとはいえ、どうしても日系人の収容をナチスの絶滅収容所と結びつけてしまう。これを「アメリカの収容所の過酷な面に注目を集め、監禁に内省を促す」ためだったと論じているマレー自身は、日系人収容の研究において「強制収容所」という言葉の使用を避けているが、その理由は、同氏の関心が読者の挑発ではなく、強制収容の記憶の多様性を伝えることにあったからだ——付け加えるなら、収容所に関する記憶のすべてが人種差別や苦痛や弾圧に関することばかりだったわけではない。[3]

マレーの言及したような強制収容に対する厳しい見解は、社会活動家たちが日系人コミュニティの現状満足的な政治観に対して喝を入れようとしていた1960年代後半には歓迎された。当時、こうした社会活動家を支持したのは、歴史の専門家、なかでも『罪なき囚人たち——第二次大戦下の日系アメリカ人』の著者で、精力的に反日人種差別を明らかにしてきたロジャー・ダニエルズ［シンシナティ大学史学部教授］である。ダニエルズの研究は、ミチ・ウェグリン［1926－99。二世の人権活動家］やピーター・アイアンズ［1940－。法律家、カリフォルニア大学サンディエゴ校名誉教授］の研究と並んで、元収容者への賠償金支払いに向け、議会に圧力をかける草の根運動を生むきっかけとなった。この草の根運動は本格的な賠償請求運動に発展し、上院議員のスパーク・マツナガ［松永正幸、1916－90。ハワイ出身の二世］やダニエル・イノウエ［1924－2012。ハワイ出身の二世］をはじめ、ノーマン・ミネタ［峯田良雄、1931－］やロバート・マツイ［1941－2005。カリフォルニア出身の日系三世下院議員］らが主導した。「戦時中の民間人転住と収容に関する委員会（CWRIC）」は、連邦議会のこうした賛同者に支えられ、強制収容が「人種的偏見、戦時中の興奮状態、政治的指導力の誤った発露」などの結果に起因するという調査結果を明らかにしながら、賠償請求への道を開いていった。だが、賠償請求法案の制定が保証されることはなかった。運動初期には強い反対が起こり、議会の保守派が法案をつぶしにかかると、その反対は国民の知るところとなった。大統領ロナルド・レーガン［一九一一－二〇〇四］さえ反対したのである——最終的に彼は、1988年に法案が両院を通過すると考えをあらためため、署名した。[4]

　1970年代から80年代にかけて、本法案をめぐる駆け引きは強制収容に関する議論を二分した。保守層の反対派は委員会の調査結果に疑問を呈し、一方、歴史学者たちは満場一致でこれを支持した。法案の成立が危ぶまれると、強制収容に関する研究は、過去の過ちの是正と市民権連合の構築という功利派的な機能を果たし、結果的には、賠償請求法案を勝ちとったことが、こうした功利主義派の学者たちの知名度を上げることになった。しかし同時に、このおかげで、アリス・ヤン・マレーのような若い世代の研究者にとっては、政策運動を展開する際の戦略的な必要性という枠組みにとらわれないで思考することを可能にした。

　この新しい方向性の兆しが最初に現れたのは、法案が通過した翌年に、日系移民史を専門とする著名な歴史学者ユウジ・イチオカ［市岡雄二、1936－2002。カリフォルニア大学ロサンゼルス校教授］が編纂した『内側からの眺め――日系人の立ち退きと再定住研究（*Views from Within: The Japanese American Evacuation and Resettlement Study*）』が出版されたときのことである。本書は、戦時中に強制収容の状況をありのままに「内部から」研究した、カリフォルニア大学バークレー校による社会科学プロジェクト（JERS）を再検討した、11編の論考で構成されている。執筆者の大半は、戦時中に行なわれたこの研究に批判的だったものの、彼らは、このプロジェクトから、収容所の陰影のある繊細な全体像を描きだすことができた。イチオカも彼らと同意見で、社会科学者たちの手による収容所生活の詳細な記述を高く評価している。イチオカにとって、彼らは宝の山を提供してくれた人たちだった。その宝を使って歴史家たちは「強制収容所の奥行きのある社会史」を生みだすことができ、こうして、『内側からの眺め』は注目の対象を政府の犯罪行為から収容所経験の多様性へと向けたのである。[5]

　同書の論評はしかし、歴史家のあいだに分裂が生まれつつあることを明らかにした。強制収容の歴史に功利主義的アプローチをとる中心人物ロジャー・ダニエルズは、戦時中のプロジェクトに携わった社会科学者たちを、「日系人の強制退去や強制収容の甚だしい不正」について明言していないとして、激しく非難した。その批判は『内側からの眺め』にもおよび、収録されている論考が往時の社会科学者たちの沈黙についてまったく触れていないと指摘した。その一方で、著名な日本史家アキラ・イリエ［入江昭、1934－］をはじめ、収容所体験の多様性により関心のある者は、日系アメリカ人の生活についての大量の一次資料を作成したバークレーの社会科学者たちを賞讃した。[6]

功利主義派、ダイバーシティ派〔強制収容を米政府による日系人への不当な扱いとするのではなく、強制収容のさまざまな面に光をあて、多面的で奥行きのある日系人史を編んでいこうとする立場をとる〕という二つの学派のアプローチは、相補関係を持ちつつ併存することが可能だった。ダニエルズ自身、アジア系アメリカ人史の総論では、イチオカの『内側からの眺め』の序文と同様の、二つのアプローチを混在させていた。しかし、当時そのことを理解する者はほとんどおらず、『内側からの眺め』は二つの学派の相違を予見するものになった。イチオカ・コレクション〔イチオカの論文、資料、書簡などの集大成〕を発足させたカリフォルニア大学ロサンゼルス校（ＵＣＬＡ）での会議に参加したブライアン・マサル・ハヤシ〔林優。日系三世の歴史・地理学者、京都大学教授〕によれば、自らも収容者だった社会科学者たち〔強制収容の対象となった日系人自身が収容所内部でＪＥＲＳに協力し、フィールドワークを行なった〕を調査することで、功利主義的アプローチ以上の「幅広い視点」を持てるようになったという。同氏が２００４年に出版した『敵を民主化する——日系アメリカ人の強制収容（*Democratizing the Enemy: The Japanese American Internment*）』は、これまでのダイバーシティ派の視点をあますところなく示し、強制収容の過ちを認めながらも、世界的な文脈から、軍と文民、ＷＲＡ、そして収容者自身の意志決定について再検討している。同氏の「幅広い視点」を示す小さいながら説得力のある一例が、日系人強制収容を、第二次大戦中の世界的な敵性外国人の取り扱いという流れのなかに位置づけた点にある。功利主義的アプローチがアメリカの人種差別と不正を重点的に取り上げているのに対し、ハヤシは「（敵性外国人の取り扱いに関して）フランクリン・ローズヴェルト大統領の日系人に対する処遇は、他国の政治家とは対照的に比較的穏やかなものであったと思われる」と考えた。[7]

日系人史を研究する学者は、ハヤシの著作の斬新なアプローチと確かな根拠を讃えた。レイン・ヒラバヤシ〔アジア系アメリカ人研究の専門家、ＵＣＬＡ教授〕は「第二次大戦中の日系人の体験についての洞察力に満ちた、完全な裏づけのある詳細な記述」とみなしているが、ヒラバヤシは『内側からの眺め』の執筆者の一人であり、彼自身も、収容者だった社会科学者に関する2冊の本［*Inside an American Concentration Camp* と *The Politics of Fieldwork*］に関与しているために、ハヤシの主張を判断するにはまさに適任である。かくいう私も、強制収容前後の日系人のアイデンティティに関する自著［*Japanese American Celebration and Conflict*］の執筆に必要な調査で、カリフォルニア州マンザナー収容所の収容者であった社会科学者たちの調査結果を大いに利用させてもらったので、ハヤシの研究の信頼性は保証できる。こうして、2000年代初めに、ダイバーシティ派は強制収容の研究に確かな足がかりを得たのだ。[8]

エリック・L・ミューラーからマンボの写真を見るように依頼されたときに考えたのは、強制収容に対するこのような視点だった。長らく日系人のアイデンティティと文化を専門にしてきた私なら、強制収容の前後で写真がどう変化したかに注目して解釈できるのではないかと考えた。しかし、この小文の執筆を引き受けた最大の理由は、強制収容に対する狭量で厳しすぎる認識を再考している新しい世代の学者の洞察を知ってもらうよい機会になると思ったからだ。過去20年間に大学教員として知己を得た数百人の研究者たちを通じ、私になじみがあるのは厳しいほうの認識だった。研究者の多くは強制収容についてよく知っているわけではないのに、その大半は強制収容の事実を知っても驚かなかった。彼らはアメリカ政府が施行する政策の最悪の結果を予想するのに慣れっこになっているのだ。このようなシニシズムは、それが善意からであっても、歴史的事実を求めるバランスのとれた調査を阻害するため、危険である。というわけで、この小文は、歴史研究において徐々に明らかになった視点からマンボの写真を解釈することによって、強制収容の皮相的な見解にあえて挑戦するものである。

マンボの写真に対する一つの解釈は、写真をWRAの人種差別に対する記録であると論じることだ。そのような見方は、リチャード・ドリノン［1925－。歴史学者、バックネル大学名誉教授］が描いた、WRA長官のディロン・マイヤーの負の側面に一致するだろう。ドリノンは著書『強制収容所の番人（*Keeper of Concentration Camps*）』で第二次大戦中のマイヤーの役割を、彼のその次の任務、インディアン局長と比較し、いずれもアメリカの人種差別という「共通の土台」の上に位置づけている。同書のなかでマイヤーは、その善意が「多くの悲惨な状況を生んだ」、主体性のない中間管理職の役人として描かれ[9]、著者は有刺鉄線のイメージを喚起して、自由を厳しく制限するWRA収容所の姿を強調し、「収容者たちはむやみに発砲する歩哨に撃たれる危険を冒して、有刺鉄線をよじ登ったり、くぐりぬけようとした」としている。[10]

しかし、マンボの写真に写る監視塔や有刺鉄線の多くの描写を見れば、収容者に自由がまったくなかったとは言いがたいのは明らかだ。マンボの息子ビリーが、収容所を囲む有刺鉄線にふざけて登り、鉄条網を小さな手でつかんでいる写真は、心打たれる一枚だが（125ページ）、この写真からは、彼らが歩哨に撃ち殺されることを恐れているようには見えない。収容所のバラック小屋がビリーの背後に見えるということはつまり、カメラマンの父親は有刺鉄線の外側に立っているのに、少年は屈託のない表情を浮かべている。父親が撃たれる可能性があるなら、境界を越えた父を見て、息子はもっと不安な表情を見せるはずだ。この時点で、ビリーが遊ぶ内側の境界は、ドリノンが描いたような「むやみに発砲する」歩哨が見張る武装境界線でなかったことは明白だ。事実、強制収容所の管理本部は1942年の冬の終わりにはすでに、収容者が「日の出から日没まで」収容所内部の境界と看守のいない外側の境界のあいだを、自由に歩きまわることを許可していた。収容所の新聞からも、WRAが懸念していたのは、収容者の逃亡より、むしろ厳しい自然環境が引き起こす予期せぬ気候変化による収容者の身の安全であったことがわかる。[11]

その他のマンボの写真も、自らの意志で境界の外に出ている収容者を写しており、有刺鉄線の抑圧的なイメージとは矛盾する。収容所を見下ろす近くの丘に遠出する収容者たちの写真に、同行する白人の監視役の姿は見えないうえ、収容所に近いイエローストーン国立公園への小旅行の写真にも監視役は一人も写っていない。カメラは嘘をつかなかった。アメリカ国立公文書記録管理局（NARA）に保存されているビル・マンボの「収容者ケースファイル」によると、彼はイエローストーンに二度旅行しており、一度は白人の監視役の同行を求められたが、二度目は彼が監視の同行を必要としなかったことが明記されている。本書のベーコン・サカタニのエッセイも、楽しかったイエローストーンへの旅行を回想しており、収容者が軍人看守の同行なしに収容所から一時的な外出許可証をもらうのは難しいことではなかったことを裏づけている。

では、WRAはなぜ一度は敵性外国人

とみなした対象が強制収容所の外を自由に歩きまわることを許したのだろうか？その答えは、ＷＲＡの指導者たちが収容者の大部分を国家の安全保障に対する脅威とはみなしていなかったという事実にある。ＷＲＡ長官のディロン・マイヤーは日系人が不忠実だとする軍部の考えに一貫して反対した。マイヤーの強制収容に関する「内幕話」によると、彼はこの点に非常に熱心に取り組み、ＷＲＡは「常に人種差別と戦った」と述べている。マイヤーは、収容者を「甘やかす」ことに反対していたＷＲＡの頑固で強力な批判者たちと対峙したとするが、その批判者とは、議員であり、米国在郷軍人会であり、マスコミだった。マイヤーによれば、アメリカ国民が「憎しみや、人種的反感や、そこから生まれる差別的行為を乗り越えられる」と示したことによって、ＷＲＡの必死の取り組みは報われたという[12]。

　マイヤーがアメリカの民主主義的価値を救ったと自画自賛する一方で、ＷＲＡに対する功利主義派の批判者は、これを独善的なプロパガンダ的説明とみなした。真実は、彼を救済者とみるか、偽善者とみるか、そのどこかにあるのだ。これについてはマレーが、強制収容の記憶の変遷についての研究のなかで、マイヤーが状況や聴衆によって収容者の忠誠心に対する意見を変えた、と説得力のある説を展開している。マイヤーは「人種差別主義者」に対して収容者たちを擁護しながら、収容者が国の安全保障にとって脅威であるという点については軍に賛同していた。１９４０年代のリベラル派の著名人同様、マイヤーという人物は現実主義者であり、彼の収容者に対する共感は、第二次大戦時の政治的・国際的状況に応じて変化した[13]。

　ＷＲＡ上層部の役人も、収容者に対してマイヤーと同様の現実主義的な共感を抱いていた。１９４５年10月に行なった演説で、ＷＲＡの副長官ロバート・カズンズは、収容者を救済したいと願うアメリカの人種差別反対主義者が直面している問題についてこう述べている。

「我々のなかには、すべての国民に政治的・経済的平等が認められることを理解している人たちがいる一方で、長年拒絶されてきた白人国家主義にこだわる分子たちもいることを認識しなくてはなりません[14]」

　さらに、ブライアン・ハヤシは、アリゾナ州ポストン収容所長のウェイド・ヘッドやジョン・コリア［１８８４－１９６８。インディアン局局長を務めた］、マンザナー収容所長のソロン・キンボール

［1909－82］や同副所長E・R・フライヤーなど、WRAのその他の役人が、マイヤーやカズンズ以上に人種差別政策に強く反対していたことを、WRAの役人に関する記録から明らかにしている。しかし、日系人収容者に対して一貫して最も進歩的かつ同情的だった支援者とは、WRAが雇用した白人の社会科学者たちだった。彼らは、表向きはWRAが収容者の視点を反映した政策を立案する支援を行なうため、収容所内で中立的な観察者として働くことを許可されていた。これら社会科学者の多くは、血統（人種）が忠誠心や性格に影響を与えるという概念を否定する新しい理論の信奉者だった。[15]

　WRA上層部の人種差別反対主義に関心を向けているからといって、私はWRAの強制収容の運営に誤りがなかったとか、収容所の軍人（武装した歩哨など）も同じように収容者に同情的だったなどといいたいわけではない。WRAの忠誠心調査で、疑わしい収容者を排除するという本来の目的を果たせず、結局、数千人にのぼる無実の被害者を激怒させ、悪名高きツールレイク強制収容所《プリズン・キャンプ》に「厄介者」として追放したマイヤーが、大失態をしでかしたのは間違いない。それでもなお、私は、WRAの全容を正確に描写するには、WRAの指導者たちが自らを強制収容所の運営者だとは任じていなかったこと、そして、WRAの批判者がこれまで我々に思わせてきたように、彼らの政策が収容者を悲惨な状況に追いこんだだけではなかったことを認める必要がある点を指摘したいのである。[16]

　WRAが実施した再定住プログラムを例に検討してみたい。ドリノンが糾弾するのはWRAが掲げた収容者の文化・人種同化政策や、「収容所から解放された」日系人の常時監視だが、その一方で見落とされていることもある。WRAが西海岸の立ち入り禁止区域外の元収容者が、求職、家探し、大学に復学をするにあたって多くの重要な取り組みを行なったことだ。そればかりか、西海岸への立ち入り禁止解除後も、ロサンゼルス、シカゴ等多くの都市で、国が後援するWRAの出先機関が日系人の市民権回復機関として機能したのだ。ある日系二世の退役軍人が南カリフォルニアでの家探し中に人種差別を経験したときには、WRAの出張所員はこうした扱いに毅然と抗議するため、軍の指導者を手配した。その任務に就いたロジャー・W・スミスは――日系人だけで構成された、あの有名な第442連隊戦闘団の司令官である――カリフォルニア州オレンジ郡の白人住民に、かつての部下の一人を弁護してこう述べている。

「二つの前線であの戦争を終えたとき、我々はすべて終わったのだと考えていました。ですが、この祖国において我々が守るべきものが攻撃されているとなれば、それを見逃すことはできません」[17]

収容者の保護者兼看守というＷＲＡの外見上の矛盾については、人種観がめまぐるしい変化を遂げた現代社会の流れのなかで理解する必要がある。歴史家のゲーリー・ガーストル［ヴァンダービルド大学教授］は、第二次大戦は結果的に人種の違いや公民権に対するアメリカ人の見方を改善する大きな力となった、と主張している。連邦政府が、国家のアジア系移民の差別的排除を含む、白人優位を是認したまま戦争に突入したために、それが新しい人種差別嫌悪を生み、その嫌悪感がアジア人排除を終わらせ、女性や民族マイノリティの人権獲得に貢献したのだ[18]。言いかえれば、世界大戦は近代史における最も激しく破壊的な人種差別が特徴であると同時に、その時代に市民権や人権獲得の強力な推進力を生みだしたのである。日系人を差別する法律の大半は、撤廃されないまでも、戦後10年以内には効力を失った。

ＷＲＡの文化的多元主義

ＷＲＡの役人たちは反人種差別的な立場をとっていたとはいうものの、日系人がアメリカ化していく過程で日本文化が果たす価値について、さまざまな見解を表明した。その大半は、ディロン・マイヤーの意見を受け、［日本文化のような］「文化的お荷物」は移民グループのアメリカ化や、ひいては白人国家アメリカを受け入れる妨げになると考えていた。一方で、インディアン局のジョン・コリアに影響された役人は、民族文化維持によって一世と二世のアメリカ化が推進した以上、維持すべきだと主張した[19]。当然ながら、ＷＲＡ内部で大きな影響力を持ったのはＷＲＡ長官の同化主義的政策だった。その結果、ＷＲＡは釈放した収容者を国中に分散させ、互いが頻繁に連絡をとれなくすることで、日系人の文化的な結束を打ち破ろうとした。こうした指示は、日系人居住地がふたたびできることを強く懸念したためだった。

多くの歴史家や元収容者は、ＷＲＡの再定住政策はアメリカ化の強要の一形態だと批判している。日系人の文化を一掃し、釈放された収容者を厳しい監視体制のもとに置くという、いわば文化ジェノサイドだという批判であるが[20]、これから明らかになることばかりでなく、見えなくなることもある。収容者の文化を尊重しなかったのはマイヤーの失敗であり、人種問題に想像力を欠いていたのは明白だ。しかし、ＷＲＡの同化政策は、歴史的な黄禍論者［黄色人種脅威論］への応酬だったのであり、しかも、ＷＲＡの同化政策が一枚岩だったという誤った前提に基づいているため、彼への批判は、批判者自身の限界をも露呈したことになる。

二人の歴史学者によれば、ＷＲＡは日本文化をアメリカニズムに対するタブーとはみなしていなかった。たとえばエリック・Ｌ・ミューラーは、ＷＲＡが収容者に行なった忠誠心調査にどのような裁定を下したかという研究から、ブライアン・ハヤシは、主たるＷＲＡ行政官を入念に研究することによって、その点を考察している。[21] 日本文化へのＷＲＡの寛容な態度は、20世紀前半に出現した文化的多元主義の概念と一致しており、その論拠となったのが、アメリカは異なる文化、価値観、伝統のるつぼではなく、万華鏡であるべきだと論じたウィスコンシン大学教授ホレス・カレン［１８８２－１９７４］である。[22] 文化的多元主義は文化人類学研究の支柱に、また、ジョン・コリア率いるインディアン局では、合衆国のネイティブ・アメリカン政策の基礎となり、[23] ネイティブ・アメリカンの問題を経験した多くの役人や社会科学者を通じてＷＲＡにも根づいた。これら上層部の役人には、マンザナー収容所のソロン・キンボールやロイ・ナッシュ、ポストンの社会学研究局のアレクサンダー・リートン［１９０８－２００７］とその研究スタッフらがいた。さらに、ＷＲＡの局長になるべく陳情を行なったものの成功しなかったコリアだが、彼はＷＲＡのポストン収容所に、日本文化理解に貢献する研究局を立ち上げた。もしコリアがＷＲＡの長官になっていれば、文化的多元主義がＷＲＡの意思決定にもっと大きな役割を果たしていたことは間違いない。ＷＲＡの方針として同化論があったとはいうものの、収容所内部には依然として文化的多元主義が存在したのである。[24]

その証拠が日本の民謡を踊る収容者を撮影したマンボの写真である。この踊りは、お盆の行事で、戦前の日系アメリカ人のコミュニティにはなじみのあるものだった。しかし、この仏教行事が収容所でも継続されていたことはあまり知られていない。実際、ＷＲＡの同化政策が、高校の体育館のような収容所の「アメリカ的な場所」で日本的行事を開催することを禁じていたことを考えると、こうした旧世界［アメリカ大陸発見前の欧州・アジア・アフリカ］の伝統行事が大勢の見守るなかでこれほど大っぴらに行なわれていたことには驚きを禁じえない。しかも、役人たちの目を避けて有志だけでひっそりと行なったという簡単なものではなく、人々が時間や手間をかけて念入りに計画したことが写真からうかがえる。飾りつけられた会場の中央には、やぐらがしっかりと組み立てられ、その周囲で、多くは化粧をして、行事にふさわしい身づくろいをした収容者が踊りを披露しているのだ。

FBIが日系の仏教僧を特に疑わしいとみなして、家族やその他の収容者から引き離し、司法省管轄の特別収容所に送ったことを考えると、お盆の仏教的側面は、WRAの政策にさらに複雑な一面を加える。ハートマウンテン収容所の役人はお盆の行事を行なうことを、収容者のアメリカ化を否定するものではないとみなしていたのだろうか？　同様の疑問は、マンボの写真の特徴である相撲や、その他の日本文化の実践についても当てはまる。日本の国技として、相撲は国の宗教であった神道と切り離せないもので、これは戦時中のアメリカ人に悪名高い天皇崇拝につながるものだ。これほど多くの収容者が盆踊りや相撲を受け入れていたということは、彼らが日本の伝統を低く評価したり放棄したりせずに、アメリカ人としてのアイデンティティを育んだことを示唆している。日系人収容者はこうして、ジョン・コリアやその他のWRAの高官が支持する、ある種の文化的多元主義を実践していたようだ。戦前の民族的指導者は、二世は政治的には合衆国に忠実だが、文化的には日本人でありアメリカ人なのだと強調した。マンボの写真は、この種の文化的多元主義が収容者の行動に影響を与えつづけたことを暗示するとともに、収容中の日本の宗教や伝統が持つ意味についての問題を提起している。厳しい同化政策にもかかわらず、収容所はいったいなぜ収容者に戦前の文化並列的な方向性を継続させたのだろうか？

二世——最も偉大な世代

WRAの同化政策プログラムに特別の役割を果たしたのが二世である。WRAは、収容所の一世に英語の指導とアメリカ化を推進する一方で、子どもたちを通じて一世に影響を与えようとした。ノーマン・ミネタ少年がボーイスカウトの技能章の取得に励んだように、彼らの主眼は収容所の若者にそれまでと変わりない「真にアメリカ的な」環境をつくりだすことにあった。マンボの写真はハートマウンテン収容所にそうした若者向けプログラムがあったことの証左となっている。収容所のボーイスカウトの行進を記録した写真もあれば、野球やマーチングバンドのようにアメリカの典型的な課外活動を行なう、アメリカ化した若者の写真もある。

　ところが、マンボの写真には学校教育を写したものがない。収容所史からも、収容所における公立学校の記録が抜け落ちていることを考えると、これは象徴的だ。幸いなことに、歴史家トーマス・ジェームズ〔コロンビア大学ティーチャーズカレッジ学事長〕の研究が、数少ないこの種の研究の歴史的なモデルになっている。その著作『国内で行なわれた国外追放（*Exile Within*）』は、厳格な軍部と進歩的なWRAという、通常なら考えられない協力の結果生まれた収容所における公教育の全貌を描いており、同書によれば、親である収容者は自分たちを苦しめる不正義や、収容所内の学校の不十分な設備や制度を目にしても、アメリカの公教育への信頼を失わなかったという。収容された子どもたちは、厳しい制約を課されたツールレイク収容所を例外として、学校に通い、結果的に――全員ではないにせよ――強制退去や強制収容で失われた勉強の基礎をほぼ回復することができた。[25]

収容所の学校教育の真価は、子どもたちがどの程度スムーズに、収容所の外の学校に復帰できたかに基づいて判断するべきだが、ジェームズの研究によれば、子どもたちは結果的に「全体としては、その後の若い日系アメリカ人の一貫して高い教育水準が示しているように、戦後、比較的正常に学校教育に復帰することができた」のである。WRAは日系人の若者の福祉を少なからず懸念していたが、彼らは収容されなかった同世代の若者に学業面で遅れをとるどころか、むしろ勝《まさ》っていたとの証言もある。実際には、もっとひどい状況になる可能性もあったのである。[26]

　収容された若者に「通常の」生活を与えようとするWRAの取り組みがうまくいったことは、収容所に楽しい思い出を持つ元収容者が多いことからも容易に説明がつく。ベーコン・サカタニの、ハートマウンテンでの平穏で幸せな日々の描写もそれを物語っているし、アラン・シンプソンがノーマン・ミネタについて「どんな恨みや苦痛からも超然とし、収容所の辛い経験に耐え抜いた」と語っているのも同様だ。[27]ハートマウンテン収容所を出たあと、ミネタは学業を再開し、カリフォルニア大学を卒業後、彼の政治活動のきっかけとなった保険事業を成功させ、アジア人初のアメリカ大都市（カリフォルニア州サンノゼ）の市長、そして、下院議員になった。ミネタは、いうまでもなく、強制収容所の学校に通った、戦後世代の若い二世の「スター」の一人である。収容所を経験した若者は総じて高い大学出席率を示し、恵まれた平均収入や、社会的地位を獲得したが、ミネタの業績は群を抜いていた。かくしてＷＲＡは、二世の「最も偉大な世代《グレイテスト・ジェネレーション》」と呼ばれる人たちの強固な教育的基盤を築いたのだ。[28]

私があえて、よく知られたこのフレーズを使うのは、収容所の若者と、近年、国民的にもてはやされているアメリカの第二次大戦世代とを結びつけたいからだ。[29]「最も偉大な世代」という呼称が重要なのは、国家のヒロイズムや功績を賛美しているからではなく、第二次大戦を連想させる政治的な目的を露呈しているからだ。過去という壮大なタペストリーを都合よく切り貼りして、自由と民主主義とチャンスの道徳物語をつくりあげているその一例が、このような英雄づくりであり、別の言い方をするなら、「最も偉大な世代」という概念は、愛国表現をつかって複雑な過去を単純化し、芝居がかった形に変えているに過ぎない。

強制収容の歴史の大部分は合衆国を讃えるものではなく、しかもその意味で「最も偉大な世代」説とは相いれない。しかし、最も偉大な世代という主張も結局、政治の産物なのだ。こうした主張はなんらかの目的のために複雑な過去を劇的な物語に仕立て上げており、その点で最もわかりやすいのが、人種差別反対主義である。このような視点から、功利主義学派の強制収容史観は、国家による人種差別と、その非民主的傾向への逆行の際にみせた高圧的な権威主義を激しく批判している。そして、その贖罪の物語に必要だったのが「悪役」としてのＷＲＡや政府高官だった。結果として、強制収容の物語の重要な部分――ＷＲＡの反人種差別主義や、ＷＲＡが収容者の忠誠心を信頼していたこと、また、強制収容所における文化的多元主義の容認など――が無視、あるいは軽視されてきたのだ。

マンボの写真は、強制収容について語られてきた贖罪の物語を超えたところにあるものを見る、類のない機会を与えてくれる。こうした贖罪の物語においては、収容所に張りめぐらされた有刺鉄線の危険性が誇張され、ＷＲＡに収容者から文化やコミュニティを奪おうとする人種差別主義の看守役を演じさせているが、アラン・シンプソンやノーマン・ミネタ、ベーコン・サカタニの経験、そしてマンボの写真の被写体のすべてが、こうした厳しい二者択一的な見方の限界を示している。本書にまとめられた写真は、さまざまに彩られた収容所の姿を我々に見せてくれる。「さまざまに彩られた」というのはコダクロームのスライドのことでもあるが、収容者の保護者兼看守というＷＲＡの矛盾する役割のせいで、異なる色調を帯びることになった収容者の経験をも示唆している。重要なのは、ＷＲＡの黒とも白ともつかないグレーの部分を分析の中心にすることだ。それこそが、収容者の悲惨とＷＲＡの抑圧に焦点を合わせた現在の研究に新たな一章を開くことを可能にするだろう。

消火作業をするハートマウンテンの消防隊員

食堂の火事を見物する群衆。屋根の上の男性たちは消火作業をしている。

1943 年 9 月、イエローストーン国立公園のグランドキャニオンでビリーとポーズをとるビル。

灌漑用パイプの上を歩く 3 人の男性。うしろに見えるのはハートマウンテン。
3 番目の男性が肩に担いでいるのは便所の廃材と金属スクラップでつくったマンボ手製の三脚。

1943 年 9 月、マンボはイエローストーン国立公園に放置された建造物改修のため作業班とともに出所が認められた。
写真は火山地帯付近で休憩中の作業班。

有刺鉄線のフェンスのうしろに立つビリー

ビリー

バラック小屋で使用するストーブ用石炭の小山が並ぶ大通りを西に向かって歩くビリー

1943 年 9 月 21 日正午、高校に集まった約 4000 人の群衆が、
「不忠実」とみなされてツールレイクに移送される 434 人の収容者を見送る。

バラック小屋の前で一列に並んだ子どもたち。右端がビリー。

日没直後に明かりが灯りはじめる収容所

ワイオミングの冬の寒さを物語るバラック小屋の軒先にぶら下がるつらら

アイススケートはハートマウンテンの冬の人気スポーツだった。
収容者は消防用ホースを使って水を撒き、収容所に数ヵ所のスケートリンクをつくった。
スケーターたちの真ん中でビリーがスケートを教えてもらっている。

アイススケートを練習するビリー

雪景色をさえぎる有刺鉄線

ー ハートマウンテンに15あった監視塔の一つ。丘の頂上から居住区域を見下ろしている。

夜明け。明かりがついている部屋が１つある。

謝辞

本書の出版にあたり、ビル・マンボのカラー写真の存在を私に教えてくれたベーコン・サカタニと、本書の出版を通じて父上の作品を多くの読者に公開することを私に一任してくれたご子息に心より御礼申し上げたい。ロン・クラシゲとジャスミン・アリンダーには企画当初から熱心に協力してもらい、大変励まされた。二人から受けた深く刺激的な貢献にはどれほど感謝してもしきれない。また、ロジャー・ダニエルズとレイン・ヒラバヤシからの優れた助言のおかげで本書は格段によいものとなった。ノースカロライナ大学出版およびデューク大学ドキュメンタリー研究センターのスタッフの皆さまには、この美しい本の編集段階で、はかり知れないご助力をいただいた。なかでもチャック・グレンチには早い段階から本書のイメージをまとめる手助けをしてもらい、深く感謝している。

最後に、妻レスリー・ブランデン＝ミューラーと娘アビーとニーナが、本書に目を通し、意見を述べ、励ましてくれたことを付け加えたい。私がどれほど家族を愛し、感謝しているかは言葉にできない。

エリック・L・ミューラー

訳者あとがき

本書を手にとられた読者の方々は、まず写真の鮮やかさに目を奪われることだろう。そして、荒涼とした景色のなかの日本的風物詩に、ふと違和感を覚え、これらが第二次世界大戦当時の日系アメリカ人強制収容所で撮られたものであることに複雑な思いを持たれるのではないだろうか。特に、少年が鉄条網をつかんでいる写真には、胸を締めつけられる。

ビル・マンボの明るく鮮明な写真は、「はじめに」と、他の4人によるエッセイによって、より複雑で強いコントラストをもって見る者に迫ってくる。マンボは日系二世の写真愛好家で、プロカメラマンではない。本書の写真はどれもプライベートなものである。戦後、長らくマンボ家にしまいこまれていたスライドを、もし、彼の息子ビリー（写真の可愛い少年も、今は70代だという）がベーコン・サカタニに見せなければ、そして、サカタニがその存在をエリック・L・ミューラーに教えなければ、強制収容所の収容者が撮影した、このヴァナキュラー写真が２０１２年８月に一冊の写真集として世に出ることはなかった。

本書の原題は〝*Colors of Confinement*（幽閉された色彩）〟である。Confinementが、日系人の強制収容を意味するのは間違いないが、本書の色彩豊かな写真もまた、人の目に触れることなくひっそりと閉じこめられていたわけだ。

写真で見る収容所の生活は、ともすれば穏やかなものに見えるが、実際には、物質的にはもちろん、精神的にも非常に厳しいものだった。劣悪な環境にもかかわらず、いつもきちんとした髪型、服装で写っておられるマンボ家やイタヤ家の人々、美しい着物姿で盆踊りを踊る日系アメリカ人に、日系人としての矜持を感じるのは私だけだろうか。

　本文にもあるが、マンボが写真に残そうとしたのは、辛い生活のなかの、できるだけ楽しい出来事だった。そのジャーナリスティックではない写真の一枚一枚には、夫として、父親として、そしてアメリカに生まれた日系二世としてのマンボ個人の思いが写りこんでいる。

　当初、強制収容所へのカメラの持ちこみは銃器同様に厳しく制限されており、収容者自らが私的に撮影した写真はとても珍しいという。ヴァナキュラーな写真を通じた戦後史の分析という観点からも、第二、第三のビル・マンボの発掘が待たれている。

　本書では、収容所の管理者である戦時転住局（WRA）についても触れられているが、その是非についてはともかく、マンボの写真は、アメリカ民主主義の理想について悩み苦しんだ収容する側、される側の両サイドの人々の記録としても見ることができる。

　WRAによる、強制収容所の正式名称は「転住センター（Relocation Center）」である。日系人は、開戦とともに政府が婉曲に「集合センター（Assembly Center）」と呼んだ仮収容所に送られ、そこからさらにハートマウンテンのような常設収容所へ送られた。原文では強制収容所に言及する際、Relocation Center/Camp/ Internment Camp, Concentration Campという言葉が文脈に応じて使いわけられており、訳語もそれらに対応させ、転住センター／収容所／強制収容所を使いわけている。

　マンボが使用したフィルム「コダクローム」は、1935年にコダック社が発売して以来、多くのプロ写真家も愛用してきた耐変色性を特徴とする高品質のカラーフィルムである。写真が、70年近く経ってもいまだに鮮やかな発色を保っているのは、このフィルムによるところが大きい。

　本書の翻訳に際しては、翻訳家の高野優氏から訳出の方針に関し、貴重なご提案をいただいた。また、紀伊國屋書店出版部の大井由紀子氏は、原稿や事実関係に関するチェックのみならず、常にあらゆる面で訳者を支えてくださった。お二人には心から深い感謝と敬意を捧げたい。最後に、日ごろから仕事に協力してくれる家族にも、この場を借りて感謝の意を表したい。

二〇一四年六月

岡村ひとみ

21 Hayashi, *Democratizing the Enemy*, pp. 22-25; Eric L. Muller, *American Inquisition: The Hunt for Japanese American Disloyalty in World War II* (Chapel Hill: University of North Carolina Press, 2007), pp. 73-78.

22 文化的多元主義の起源については、Philip Gleason, *Speaking Diversity: Language and Ethnicity in Twentieth Century America* (Baltimore: Johns Hopkins University Press, 1992), pp. 51-59 および、John Higham, *Send These to Me: Immigrants in Urban America*, rev. ed. (Baltimore: Johns Hopkins University Press, 1984), pp. 198-232［ジョン・ハイアム『自由の女神のもとへ――移民とエスニシティ』斎藤眞ほか訳、平凡社］を参照のこと。

23 文化的多元主義論の大きな歴史におけるジョン・コリアの意図に関する議論については、John Higham, *Hanging Together: Unity and Disunity in American Culture*, edited by Carl J. Guaneri (New Haven, Conn.: Yale University Press, 2001), pp. 117-118 を参照のこと。

24 Hayashi, *Democratizing the Enemy*, pp. 22-25.

25 Thomas James, *Exile Within: The Schooling of Japanese Americans, 1942-1945* (Cambridge: Harvard University Press, 1987), p. 167, p. 169.

26 前掲書, p.164. カナダでは強制収容された日系人は公立高校の教育を受けることができなかった。p. 167 も参照のこと。

27 *Boys' Life*, Feb. 2002, p.39. Google Books website で見つかる。http://books.google.com/books?id=1_sDAAAAMBAJ&lpg=PA38&ots=_wK6TBPYC2&dq=norman%20mineta%20alan%20simpson%20boys'%201ife&pg=PA38#v=onepage&q& f=false.

28 私は「最も偉大な二世」という表現によって、その後も続いた人種差別や、若い日系二世もしくは日系人全般が苦しんだ戦時中のトラウマを覆い隠そうとするつもりはない。戦後の反日人種差別については、Kurashige, *Japanese American Celebration and Conflict*, pp. 155-168、戦時中のトラウマの持続については、Donna K. Nagata, *Legacy of Injustice: Exploring the Cross-Generational Impact of the Japanese American Internment* (New York: Plenum Press, 1993) を参照のこと。

29 トム・ブロコウは、世界大恐慌を生き抜き、第二次大戦を勝利したアメリカ人を「あらゆる社会がこれまで生んだ」最も偉大な世代であると賛美して、この言葉をつくった。Brokaw, *The Greatest Generation* (New York: Random House, 1998) を参照のこと。

11 "'Sunrise to Sunset' Privileges for Center Residents Planned," *Heart Mountain Sentinel*, Nov. 28, 1942.

12 Dillon S. Myer, *Uprooted Americans: The Japanese Americans and the War Relocation Authority during World War II* (Tucson: University of Arizona Press, 1971), pp. 91-107, p. xv［ディロン・S・マイヤー『屈辱の季節――根こそぎにされた日系人』森田幸夫訳、新泉社］には、マイヤーが収容者の友であろうとした真摯な取り組みがみられる。Murray, *Historical Memories of the Japanese American Internment and the struggle for Redness*, p. 56 も参照のこと。

13 Murray, *Historical Memories of the Japanese American Internment and the struggle for Redness*, p. 55. 収容者への思いに取り組んだもう一人の進歩主義者がカリフォルニアの市民権専門の弁護士カーリー・マクウィリアムズである。彼の回想録 *The Education of Carey McWilliams* (New York: Simon and Schuster, 1978), pp. 101-107 も参照のこと。マクウィリアムズはディロン・マイヤーを「善良で思いやりある人」(p. 104) と評している。

14 Leonard, "Years of Hope, Days of Fear," p. 226.

15 Hayashi, *Democratizing the Enemy*, pp. 22-25, p. 106. WRA の社会科学者についてのもう一つの分析については、すでに引用した Ichioka, *Views from Within*; Hirabayshi, *The Politics of Fieldwork* と Nishimoto, *Inside an American Concentration Camp* のほかに、Orin Starn, "Engineering Internment: Anthropologists and the War Relocation Authority," *American Ethnologist* 13, no. 4 (Nov. 1986): pp. 700-720 を参照のこと。アリス・ヤン・マレーも *Historical Memories of the Japanese American Internment and the struggle for Redness*, pp. 140-84 に有益な歴史的概観を提供している。

16 ドリノンは、必ずしもすべての収容者が強制収容を虐待ととらえていたわけではないという事実を認めている。彼は次のように語っている。「せいぜい言えることは、強制収容は意図せざる結果であり、副産物であったが、そのすべてが否定的なことばかりだったというわけではない」。Drinnon, *Keeper of Concentration Camps*, p. 44.

17 WRA の市民権擁護に関する学術的説明については次を参照のこと。Leonard, *Battle for Los Angeles*, pp. 255-256; Murray, *Historical Memories of the Japanese American Internment and the struggle for Redness*, pp. 84-99; Kurashige, *Japanese American Celebration and Conflict*, pp. 121-122.

18 Gary Gerstle, *American Crucible: Race and Nation in the Twentieth Century* (Princeton, N.J.: Princeton University Press, 2002), pp. 187-237.

19 Hayashi, *Democratizing the Enemy*, pp. 22-25.

20 たとえば, Drinnon, *Keeper of Concentration Camps*, pp. 50-61、マイヤーの計画に批判的だった収容者に関する議論については Murray, *Historical Memories of the Japanese American Internment and the struggle for Redness*, p. 102 を参照のこと。

mission on Wartime Relocation and Internment of Civilians, *Personal Justice Denied: Report of the Commission on Wartime Relocation and Internment of Civilians* (Washington, D.C.: Civil Liberties Public Education Fund, 1997 [1983]), p. 18.［アメリカ合衆国戦時民間人再定住抑留に関する委員会『拒否された個人の正義――日系米人強制収容の記録』読売新聞社外報部編訳、三省堂］ ピーター・アイアンズの以下の著書はフレッド・コレマツ［是松豊三郎、1919-2005。二世の活動家］、ゴードン・ヒラバヤシ［平林潔、1918-2012。二世の社会学者］、ミン・ヤスイ［安井稔、1916-86。二世の弁護士］らが政府の収容所計画の合憲性を問い、戦時中の有罪判決を覆した法的闘争を活発化した。*Justice at War: The Story of the Japanese American Internment Cases* (New York: Oxford University Press, 1983).

5 Yuji Ichioka, ed., *Views from Within: The Japanese American Evacuation and Resettlement Study* (Los Angeles: UCLA Asian American Studies Center, 1989), p. 23.

6 Roger Daniels, *Views from Within* の論評, *Journal of American History* 77, no. 3 (Dec. 1990): 1083; Akira Iriye, *Views from Within* の論評, *Pacific Historical Review* 60, no. 3 (Aug. 1991): p. 425. 収容者の社会史への貢献に関するその他の評価についてはKaren Ito, *Views from Within* の論評, *Journal of American Ethnic History* 11, no. 3 (Spring 1992): pp. 91-92 も参照のこと。

7 Roger Daniels, *Asian America: Chinese and Japanese in the United States since 1850* (Seattle: University of Washington Press, 1988); Brian Masaru Hayashi, *Democratizing the Enemy: The Japanese American Internment* (Princeton, N.J.: Princeton University Press, 2004), p. 6. 一方で、グレッグ・ロビンソンの *A Targedy of Democracy* における、合衆国・カナダ・メキシコの収容所の比較分析は、ハヤシが用いたダニエルズの合衆国・カナダの強制収容研究より、別の角度からの「幅広い見解」を反映したものになっている。Daniels, *Concentration Camps, North America: Japanese in the United States and Canada* (Malabar, Fla.: Krieger, 1993 [1981]) と比較のこと。

8 ハヤシの前掲書のハードカバー版の表紙にはヒラバヤシの言葉が引用されている。Richard S. Nishimoto, *Inside an American Concentration Camp: Japanese American Resistance at Poston, Arizona*, edited by Lane Ryo Hirabayashi (Tucson: University of Arizona Press, 1995); Lane Ryo Hirabayashi, *The Politics of Fieldwork: Research in an American Concentration Camp* (Tucson: University of Arizona Press, 1999); Lon Kurashige, *Japanese American Celebration and Conflict: A History of Ethnic Identity and Festival, 1934-1990* (Berkeley: University of California Press, 2002), pp. 75-116 も参照のこと。

9 Richard Drinnon, *Keeper of Concentration Camps: Dillon S. Myer and American Racism* (Berkeley: University of California Press, 1987), p. xxvii, p. 250.

10 ドリノンは、1943年4月11日にWRAのユタ州トパーズ収容所の歩哨がジェームズ・ハツアキ・ワカサを殺害したことに前掲書, p. 43で触れている。

31 "A Nisei Mother Looks at Evacuation," Community Analysis Section, Manzanar Relocation Center, Oct. 26, 1943, Folder 2, Box 7, Manzanar Records, Special Collections, UCLA.

32 ハートマウンテンにおけるプロの肖像写真の需要は非常に大きく、ワイオミング州バイロンのスタジオカメラマンが週に一度、収容所内の店にやって来るほどだった。"Photographer Will Be in Center Every Wednesday," *Heart Mountain Sentinel Supplement*, May 30, 1944.

33 "Protest Petition Sent to WRA Director: Removal of Barbed Wire Fence Asked," *Heart Mountain Sentinel*, Saturday, Nov. 21, 1942.

34 このような業績の例には次のようなものがある。Richard Chalfen, *Turning Leaves: The Photograph Collections of Two Japanese American Families* (Albuquerque: University of New Mexico Press, 1991); Geoffrey Batchen, "Vernacular Photographies," in Batchen, *Each Wild Idea: Writing, Photography, History* (Cambridge: MIT Press, 2001), pp. 57–81; Deborah Willis and Brian Wallis, *African American Vernacular Photography: Selections from the Daniel Cowin Collection* (New York: International Center of Photography, 2005); Catherine Zuromskis, "Ordinary Pictures and Accidental Masterpieces: Snapshot Photography in the Modern Art Museum," *Art Journal* 67, no. 2 (Summer 2008): pp. 105–125.

日系アメリカ人研究に開く新しい扉

1 アラン・シンプソンへのインタビュー。Conversations with History, Institute of International Studies, University of California, Berkeley, http://globetrotter.berkeley.edu/conversations/Simpson/simpson3.html.

2 Kevin Allen Leonard, "Years of Hope, Days of Fear: The Impact of World War II on Race Relations in Los Angeles" (Ph. D. diss., University of California, Davis, 1992), p. 227. ここでレオナードはWRAの人種差別反対主義に関する広範な分析を行なっている。こうした分析はレオナードの著書 *Battle for Los Angeles: Racial Ideology and World War II* (Albuquerque: University of New Mexico Press, 2006), pp. 199–257 にも一部みられる。

3 Alice Yang, Murray, *Historical Memories of the Japanese American Internment and the Struggle for Redress* (Stanford, Calif.: Stanford University Press, 2008), p. 7. 彼女は最近の別の強制収容の研究でも「強制収容所（コンセントレーション・キャンプ）」という用語を使わない選択をしている。Greg Robinson, *A Tragedy of Democracy: Japanese Confinement in North America* (New York: Columbia University Press, 2009), p. viii を参照のこと。

4 Roger Daniels, *Concentration Camps USA: Japanese Americans and World War II* (New York: Holt, Rinehart and Winston, 1971)［『罪なき囚人たち』］; Michi Weglyn, *Years of Infamy: The Untold Story of America's Concentration Camps* (New York: William Morrow, 1976); Com-

D.C.

17 WRAのキャプションについての詳細はAlinder, *Moving Images*, pp. 36-42を参照のこと。

18 エリック・L・ミューラーによるタカオ・ビル・マンボへのインタビュー、2010年7月19日、ロスアラミトス。

19 John Dower, *War without Mercy* (New York: Pantheon, 1986), p. 80［ジョン・W・ダワー『容赦なき戦争――太平洋戦争における人種差別』猿谷要監修、斎藤元一訳、平凡社］からの引用。

20 Colonel Karl R. Bendetsen, quoted in Caleb Foote, *Outcasts! The Story of America's Treatment of Her Japanese-American Minority* (New York: Committee on Resettlement of Japanese Americans, n.d.), n.p.

21 次からの引用。Foote, *Outcasts! The Story of America's Treatment of Her Japanese-American Minority*, n.p.

22 身元特定不能の収容者からラルフ・パルマー・メリットに宛てた手紙。18-2-3, April 23, 1945, *Final Report, Manzanar Relocation Center*, vol. 1, *Project Director's Report Supervised by Robert L. Brown*, Folder 1, Box 4, Manzanar Records, Special Collections, UCLAの未製本のコピー。

23 この写真はWRA, RG 210, NARA, College Park, Md. "A. E. F." に保存されている。第一次大戦中にヨーロッパに送られたアメリカ遠征軍に言及していると思われる。

24 Eric L. Muller, "Americanism behind Barbed Wire," *Nanzan Journal of American Studies* 31 (2009): pp. 14-15.

25 "WRA Unable to Support Oriental Rec. Activities," *Gila News-Courier*, July 17, 1943.

26 Julie Otsuka, *When the Emperor was Divine* (New York: Anchor, 2002), p. 9.［ジュリー・オーツカ『天皇が神だったころ』近藤麻里子訳、アーティストハウス］

27 David Yoo, *Growing Up Nisei: Race, Generation, and Culture among Japanese Americans of California, 1924-1949* (Champaign: University of Illinois Press, 2000), p. 5.

28 ハートマウンテン収容所では特に徴兵召集への抵抗運動が活発だった。フェアプレイ委員会の原型は1943年に結成され、強制収容の違法性に声を上げ、二世がふたたび徴兵の対象となった44年1月には、これに対して運動が拡大した。Douglas W. Nelson, *Heart Mountain: The History of an American Concentration Camp* (Madison: University of Wisconsin Press, 1976), pp. 118-150.

29 1958年に高校を卒業したビリーは空軍に入隊した。エリック・L・ミューラーによるタカオ・ビル・マンボへのインタビュー、2010年7月19日、ロスアラミトス。

30 Roland Barthes, *Camera Lucida: Reflections on Photography*, trans. Richard Howard (New York: Hill and Wang, 1981), pp. 70-71.［ロラン・バルト『明るい部屋――写真についての覚書』花輪光訳、みすず書房］

Smithsonian Institution Press, 1994), pp. 46-55 が詳しい。

5 これらの文書を発見し、閲覧させてくれたエリック・L・ミューラーに感謝する。

6 ジョセフ・スマートからディロン・マイヤーに宛てた手紙、1942 年 10 月 26 日。WRA, RG 210, "Classified General Files," Box 228, NARA, Washington, D.C.

7 Ariella Azoulay, *The Civil Contract of Photography* (Cambridge: MIT Press, 2008), p. 117.

8 エイイチ・サカウエはハートマウンテン収容所の所長に、日系人のカメラ使用許可願いを送るよう要請したと記憶している。Eiichi Sakauye, *Heart Mountain: A Photo Essay* (San Mateo, Calif.: Asian American Curriculum Project, 2000), p. 5 を参照のこと。私はこの主張を裏づける証拠も否定する証拠も見つけることができなかったが、日系アメリカ人組織が日系人の手にカメラを取り戻そうと取り組んだのは確かである。

9 "Defense Command Releases Contraband: Claimants Classified in Three Categories," *Granada Pioneer*, Oct. 30, 1943; "Contraband Ruling Eased," *Denson Tribune*, June 8, 1943.

10 ハートマウンテンで出版された 1945 年 3 月 7 日付『調整公告 (Coordinator's Bulletin)』によれば、その文書の述べるところの「一世もしくは『在留外国人』」は、収容所の規模が縮小しても、規制が解除された禁制品を手にすることを許されなかった（ハートマウンテン収容所は 1945 年 11 月に閉鎖された）。カメラは火器、爆弾、短波ラジオと並んで禁制品リストに載ったままだった。

11 アナハイム公共図書館の写真の説明には「ハートマウンテン収容所写真クラブ——ジョージ・ヒラハラ（後列左から二人目）、ビル・マンボ（その右）。1944 年春撮影」とある。マンボは熱心な写真愛好家だったので、それ以前からのメンバーだった可能性もあるが、これを裏づける証拠はない。ご子息の記憶では父親の趣味である写真は、収容所時代にはかなり制限されていたという。エリック・L・ミューラーによるタカオ・ビル・マンボへのインタビュー、2010 年 7 月 19 日、ロスアラミトス。

12 タカオ・ビル・マンボからエリック・L・ミューラーへ送られたメール、2011 年 1 月 20 日。

13 Lane Ryo Hirabayashi, *Japanese American Resettlement through the Lens* (Boulder: University of Colorado Press, 2009), pp. 18-20.

14 前掲書, pp. 174-175. レイン・ヒラバヤシはこれをイワサキの写真のなかで好きな作品として選んだ。その理由はこれらが「日常行為とは創造的かつ主観的な主張である」ことを表しているからであるという。同書, p. 174.

15 ジョー・マクレランドによるこの写真は WRA, RG 210, NARA, College Park, Md. に保存されている。

16 Denver Field Office, RG 210, Box 5, NARA, Washington,

項の質問に答えさせ、進んで日本への忠誠を放棄し——自発的に無国籍になるかどうかを問うたのである。これに対する一世の抗議は直ちに政府を動かし、一世に対する第 28 項の文言は、自ら進んで問題を起こさないことを誓うかどうかに変更された。p. 35.

24 ジュンゾウ・イタヤはこのような事態となることを危惧し、質問条項に自発的に次のように回答している。「この申請を行なうことが、私が現時点で出所を希望しているという証拠にはならない」

25 Eric L. Muller, *Free to Die for Their Country: The Story of the Japanese American Draft Resisters in World War II* (Chicago: University of Chicago Press, 2001), pp. 54–56. [エリック・L・ミューラー『祖国のために死ぬ自由——徴兵拒否の日系アメリカ人たち』飯野正子監訳、刀水書房]

26 もう一枚の写真はほとんど同じものなので、本書には掲載していない。

27 "Thousands See Segregees Off," *Heart Mountain Sentinel*, Sept. 25, 1943, p. 1.

28 Muller, *Free to Die for Their Country*, p. 64, pp. 76–82.

29 前掲書, pp. 84–99, pp. 108–114, pp. 161–175.

30 筆者によるタカオ・ビル・マンボへのインタビュー、2010 年 7 月 19 日、カリフォルニア州ロスアラミトス。

31 前出のインタビュー。

収容所の中のカメラ

1 Patricia Holland, "History, Memory and the Family Album," in *Family Snaps: The Meaning of Domestic Photography*, edited by Jo Spence and Patricia Holland (Virago, 1991).

2 強制収容の経験にカメラが果たした役割については、拙著 *Moving Images: Photography and the Japanese American Incarceration* (Urbana: University of Illinois Press, 2009)、また、Elena Tajima Creef, *Imaging Japanese America: The Visual Construction of Citizenship, Nation, and the Body* (New York: New York University Press, 2004), pp. 13–70 を参照のこと。

3 エリック・L・ミューラーによるタカオ・ビル・マンボへのインタビュー、2010 年 7 月 19 日、ロスアラミトス。

4 一方で、ドロシア・ラングは北カリフォルニアからの強制退去を記録し、オークランドの店先の「私はアメリカ人です」と書かれた大きな看板など、日系人がアメリカ市民権や愛国心を主張する姿を写すことで、強制収容の不正に焦点を当てた。ラングについては Linda Gordon and Gary Y. Okihiro, eds., *Impounded: Dorothea Lange and the Censored Images of Japanese American Internment* (New York: W. W. Norton, 2006) および、Roger Daniels, "Dorothea Lange and the War Relocation Authority," in *Dorothea Lange: A Visual Life*, edited by Elizabeth Partridge (Washington, D.C.:

12 ビリーの日本名もタカオである。

13 この数字はWRA発表の統計一覧から採った。1942年後半の強制収容者の総人口を反映していて、そのうち合衆国もしくはハワイで生まれた両親を持つのはわずか8.2%だった。次も参照のこと。WRA, *The Evacuated People: A Quantitative Description* (Washington, D.C.: U.S. Government Printing Office, 1946), p. 89.

14 Tetsuden Kashima, *Judgment without Trial: Japanese American Imprisonment during World War II* (Seattle: University of Washington Press, 2003), pp. 14-42.

15 ジュンゾウ・イタヤの敵性外国人ファイル, Number 146-13-2-12-1585, RG 60, NARA, Washington, D.C.

16 本書に寄稿したジャスミン・アリンダーも述べているように、日系アメリカ人は当初カメラの所持を禁止されていた。ハートマウンテンでこの禁止が緩和されたのは1943年の春である。マンボのカメラが、西海岸から強制退去させられたとき、誰かに預け、その後1943年に送ってもらったものか、それとも、42年4月に荷物の中にしのばせて持ちこんだものかは不明である。

17 イタヤ家のルバーブの収穫についてや、一家がそれを取り戻そうとした取り組みに関する記録はサミーの収容者ケースファイルにある。RG 210, NARA, Washington, D.C.

18 サンタアニタ仮収容所については次に詳しい記述がある。J. Burton et al., *Confinement and Ethnicity: An Overview of World War II Japanese American Relocation Sites* (Washington, D.C.: National Park Service, 1999). http://www.cr.nps.gov/history/online_books/anthropology74/ce16k.htm.

19 サンタアニタの暴動については次に詳しい。Roger Daniels, *Concentration Camps USA: Japanese Americans and World War II* (New York: Holt, Rinehart, and Winston, 1971), p. 106. ［ロジャー・ダニエルズ『罪なき囚人たち――第二次大戦下の日系アメリカ人』川口博久訳、南雲堂］Harry H. L. Kitano, *Japanese Americans: The Evolution of a Subculture* (New York: Prentice - Hall, 1976), p. 73.

20 すでに刊行から36年の歳月が経つが、ダグラス・W・ネルソンの先駆的著書 *Heart Mountain: The History of an American Concentration Camp* (Madison: State Historical Society of Wisconsin, 1976) が今も、この収容所に関する歴史の最高峰である。マイク・マッケイの *Heart Mountain: Life in Wyoming's Concentration Camp* (Powell, Wyo.: Western History Publications, 2000) も優れた著作である。

21 ジェリー・W・ハウゼルからルイス・ジグラーに宛てた手紙、1943年4月29日と5月6日。RG 210, Entry 16, Box 267, NARA, Washington, D.C.

22 忠誠心調査の質問条項の策定については次を参照のこと。Eric L. Muller, *American Inquisition: The Hunt for Japanese American Disloyalty in World War II* (Chapel Hill: University of North Carolina Press, 2007), pp. 15-30.

23 前掲書, pp. 31-38. 当初は一世にも二世にしたのと同じ第28

注釈

フレームの外側

1 この収容者ケースファイルの所在地は次の通り。Record Group (RG) 210, アメリカ国立公文書記録管理局（NARA), Washington, D.C. このファイルには、収容中の学歴、職歴、健康状態、収容所からの出入記録、忠誠心調査への回答の写し、戦時転住局（WRA）やその他の機関からの取り調べの記録など、WRA の保護観察下にあった個々の日本人および日系アメリカ人に関する驚くほど広範な記録や情報が含まれている。

2 United States Code, Title 8, §359 (Washington, D.C.: U.S. Government Printing Office, 1926).

3 ジュンゾウとリヨ・イタヤの収容者ケースファイル, RG 210, NARA, Washington, D.C.

4 Robert M. Jiobu, "Ethnic Hegemony and the Japanese of California," *American Sociological Review* 53, no. 3 (June 1988): pp. 353-67. 多くの一世は、土地所有や賃貸契約に厳しい法律の制限を受けずにすむアメリカ市民である子どもの名義で、外国人土地法による制限を逃れようとした。ジュンゾウ・イタヤもこの方法を使い、農園経営を行なっていた土地は息子サミーの名義で借りていた。

5 Eiichiro Azuma, "The Pacific Era has Arrived: Transnational Education among Japanese Americans, 1932 - 1941," *History of Education Quarterly* 43, no. 1 (Spring 2003): pp. 39-73; Eiichiro Azuma, *Between Two Empires: Race, History, and Transnationalism in Japanese America* (New York: Oxford University Press, 2005), pp. 145-151.

6 キベイに関する信頼できる推計はない。Roger Daniels, *Asian America: Chinese and Japanese in the United States since 1850* (Seattle: University of Washington Press, 1988), p. 176 を参照のこと。

7 David Yoo, *Growing Up Nisei: Race, Generation, and Culture among Japanese Americans of California, 1924 - 1949* (Champaign: University of Illinois Press, 2000), pp. 28-29.

8 この「T」は彼の日本名「タカオ」の T である。多くの二世がそうだったように、彼もアメリカ名（「ビル」）で通していたが、ハリウッド高校の卒業アルバムによれば、彼のニックネームは「TAK」である。

9 個人データは彼の収容者ケースファイルとハリウッド高校の卒業アルバムが情報元である。収容者ケースファイルの所在地は次の通り。RG 210, NARA, Washington, D.C. 1928 年発行の卒業アルバムは次の URL で見ることができる。*The Poinsettia*, http://4dw.net/socal/1928hhsw29.html.

10 メアリーの日本名はキミである。

11 メアリー・マンボの個人データは彼女の収容者ケースファイルが情報元である。RG 210, NARA, Washington, D.C.

編著者略歴

トム・ランキン　Thomas S. Rankin

写真家・映像作家、デューク大学ドキュメンタリー研究センター教授。著書に『神聖な空間――ミシシッピ・デルタの写真より（Sacred Space: Photographs from the Mississippi Delta）』（ミシシッピ大学出版、１９９３年）、『アメリカを変えるローカル・ヒーローたち（Local Heroes Changing America: Indivisible）』（W・W・ノートン、２０００年）ほかがある。

エリック・L・ミューラー　Eric L. Muller

ノースカロライナ大学ダン・K・ムーア法学部特別栄誉教授、チャペルヒル校高等研究センター所長。第二次大戦時の日系アメリカ人の強制収容に関する学術記事を多く執筆しており、日系人の忠誠を裁定する官僚主義の詳細を記した『アメリカの異端審問――第二次大戦時の日系アメリカ人忠誠心調査（American Inquisition: The Hunt for Japanese American Disloyalty in World War II）』（ノースカロライナ大学出版、２００７年）や、『ワシントン・ポスト』紙の年間ノンフィクション部門第１位に輝いた『祖国のために死ぬ自由――徴兵拒否の日系アメリカ人たち』（シカゴ大学出版、２００１年）を著した。２００３年から、ハートマウンテン転住センターの跡地や記憶を保存するための非営利団体ハートマウンテン・ワイオミング基金の理事も務めている。２００８年から11年にかけては、同基金の共同議長として、記念施設であるハートマウンテン歴史資料センターの常設展示と紹介用映画の製作を監修。同センターは２０１１年８月に開館した。

ベーコン・サカタニ　Bacon Sakatani

１９２９年、カリフォルニア州エルモンテに日系二世として生まれる。戦時中はポモナ集合センターとハートマウンテン転住センターで過ごす。戦後、アイダホ州に移り、のちにカリフォルニアに戻る。マウント・サンアントニオ・コミュニティ・カレッジ卒業。朝鮮戦争では韓国の合衆国工兵部隊に所属。さまざまな職業を経て、コンピューター・プログラミングを習得、１９９２年に引退した。朝鮮戦争の退役兵仲間とハートマウンテン収容所の保存活動に熱心に携わっている。

ジャスミン・アリンダー　Jasmine Alinder

ウィスコンシン大学ミルウォーキー校の准教授で、パブリック・ヒストリーの講座をコーディネートしている。２００９年に『ムービング・イメージズ——写真と日系アメリカ人の強制収容（Moving Images: Photography and the Japanese American Incarceration）』（イリノイ大学出版）を刊行したほか、寄稿した書籍に、現代写真家パトリック・ナガタニが最近リリースした『魔法への欲求——パトリック・ナガタニ作品集　1976 - 2006（Desire for Magic: Patrick Nagatani Works, 1976-2006）』（ニューメキシコ美術館、２００９年）ほかがある。現在は写真と法の関連についての本を執筆中。

ロン・クラシゲ　Lon Kurashige

南カリフォルニア大学准教授。専門はアメリカ研究とエスニシティ。人種イデオロギー、アイデンティティ政策、海外移民と入国移民、歴史学方法論、文化の表層化、特に合衆国におけるアジア系の社会的再生を専門とする。日系アメリカ人の同化および、移民の文化維持に関する研究『日系アメリカ人の祝い事と葛藤——民族アイデンティティと祭りの歴史　1934-1990（Japanese American Celebration and Conflict: A History of Ethnic Identity and Festival, 1934-1990）』（カリフォルニア大学出版、２００２年）は２００４年度のアジアアメリカ研究協会歴史書籍賞を受賞。ほか著書に、アリス・ヤン・マレーと共同編集したアンソロジー『アジア系アメリカ人史における主要な問題（Major Problems in Asian American History）』（センゲージ出版、２００３年）などがある。

訳者略歴

岡村ひとみ　Hitomi Okamura

東京生まれ。津田塾大学卒業後、金融機関勤務を経て、翻訳者。

コダクロームフィルムで見る
ハートマウンテン日系人強制収容所

2014年7月14日　第1刷発行

写真　ビル・マンボ
編　エリック・L・ミューラー
訳者　岡村ひとみ

発行所　株式会社　紀伊國屋書店
東京都新宿区新宿3-17-7

出版部(編集)　電話03(6910)0508
ホールセール部(営業)　電話03(6910)0519
東京都目黒区下目黒3-7-10　郵便番号　153-8504

印刷・製本　アイワード
装丁　寄藤文平＋鈴木千佳子(文平銀座)

 ISBN978-4-314-01119-8 C0020
Printed in Japan　定価は外装に表示してあります